# Das Kuckucksfohlen

Michl Graf

# Das Kuckucksfohlen

Eine wahre Geschichte
aufgeschrieben von Michl Graf

Bibliografische Information der Deutschen Nationalbibliothek:
Die Deutsche Nationalbibliothek verzeichnet diese Publikation in
der Deutschen Nationalbibliografie; detaillierte bibliografische
Daten sind im Internet über http://dnb.dnb.de abrufbar.

Die Namen einiger Personen, Tiere und Orte wurden im Text aus
Gründen des Persönlichkeits- und Datenschutzes anonymisiert.

Das Foto auf der Titelseite zeigt Molly im Alter von etwa zwei
Wochen, und das Foto auf der Rückseite des Einbands wurde am
Tag ihrer Geburt aufgenommen.

© 2019 Michl Graf
Umschlaggestaltung und Fotos: Martina und Michl Graf
Lektorat: Heike Specht, Zürich
Herstellung und Verlag: BoD – Books on Demand, Norderstedt
ISBN: 978-3-7494-9701-0

In memoriam Barney

# Inhalt

# Who is who

## Molly und ihre Familie:

| | | |
|---|---|---|
| Molly | Pferd | Titelheldin der Erzählung |
| Macy Gray | Pferd | Mollys Mutter |
| Casanova | Pferd | Mollys Vater |
| Amy | Mensch | Besitzerin von Casanova |
| Martina Graf | Mensch | Besitzerin von Molly und Macy |
| Michl Graf | Mensch | Martinas Mann |
| Corleone | Pferd | Martinas alter Wallach |
| Salt | Pferd | Michls alter Wallach |

## Weitere Menschen und Tiere :

| | | |
|---|---|---|
| Anni | Mensch | Reitlehrerin auf dem Waldnerhof |
| Bartek | Mensch | Pferdepfleger auf dem Waldnerhof |
| Carlos | Pferd | einer von Mollys ersten Boxennachbarn |
| Fanny | Mensch | Freundin von Martina und Michl |
| Herr Fichtner | Mensch | Pferdehändler, von dem Martina Macy gekauft hat |
| Filou | Hund | Michls erster Hund |
| Florence | Pferd | Stute auf dem Waldnerhof |
| Galena | Pferd | Mollys beste Freundin auf dem Josephihof |

| | | |
|---|---|---|
| Frau Gebert | Mensch | Besitzerin des Josephihofs |
| Hubert | Mensch | Reitlehrer, bei dem Martina gelegentlich Unterricht nahm |
| Jodie | Mensch | Reitlehrerin auf dem Waldnerhof |
| Jürgen | Mensch | Reitlehrer auf dem Waldnerhof |
| Lisa | Pferd | Stute auf dem Waldnerhof |
| Ludwig | Katze | Kater aus der Nachbarschaft der Grafs |
| Luna | Pferd | Stute auf dem Waldnerhof |
| Lydia | Hund | Annis Hund |
| Manfred | Pferd | einer von Mollys ersten Boxennachbarn |
| Minouche | Pferd | Stute auf dem Waldnerhof |
| Mirek | Mensch | Pferdepfleger auf dem Waldnerhof |
| Sissy | Katze | Katze aus der Nachbarschaft der Grafs |

## Vorwort

Die Idee, unsere Erlebnisse mit Molly, der Titelheldin dieses Buches, aufzuschreiben, entstand bei einem Abendessen. Bei einem Glas Wein ließen Martina und ich die Ereignisse seit Mollys Geburt Revue passieren. Anekdote folgte auf Anekdote. „Erinnerst Du Dich?" folgte auf „Weißt Du noch?" Die Zeit verflog im Nu. Aber zu unserem Leidwesen mussten Martina und ich auch feststellen, dass wir uns schon nach dieser kurzen Zeit – seit der Geburt unserer Kleinen waren gerade einmal drei Jahre vergangen – an die eine oder andere Begebenheit nicht mehr so detailliert erinnern konnten, wie uns das lieb gewesen wäre. Wie würde das erst in zehn oder zwanzig Jahren sein? Daher schlug ich Martina schließlich vor, Mollys Geschichte für uns aufzuschreiben, damit wir sie immer wieder würden nachlesen können.

Und so begann ich, alles zu notieren, zunächst nur stichwortartig. Obgleich ich mir jeden Tag kaum mehr als eine Stunde Zeit nahm, hatte ich nach einer Woche etwa vierzig Seiten Notizen zusammengetragen. Und doch war ich lange noch nicht am Ende. Also schrieb ich weiter.

Auch von dritter Seite kam Ermutigung. Wem immer wir Mollys Geschichte erzählten, meinte irgendwann: „Eigentlich müsstet Ihr das aufschreiben. Das ist so unglaublich." Also schrieb ich weiter.

Und so sammelte sich mit der Zeit eine beachtliche Zahl von Notizen an, die ich nun zu diesem Buch zusammengefügt habe.

Wer hohe Literatur erwartet, dem möchte ich eine Enttäuschung ersparen und dringend raten, das Buch schnellstmöglich wieder ins Regal zu stellen.

Wer Pferdezucht betreibt oder von Kindesbeinen an mit Pferden zu tun hat, den wird das Buch möglicherweise langweilen, denn es wird für ihn nicht viel Neues bringen. Vielleicht könnte Mollys Geschichte in ihm aber doch die Erinnerung an sein erstes Fohlen oder das eine spezielle Fohlen seines Lebens wieder wachrufen?

Wer aber Freude an einer charmanten Erzählung hat und erfahren möchte, wie die Natur ihren Weg fand und ein Fohlen unser Leben auf den Kopf stellte, dem sei Mollys Geschichte ans Herz gelegt. Vielleicht macht ihm das Lesen ja genauso viel Spaß wie mir das Schreiben.

Michl Graf

## Die Überraschung

An einem Sonntag Ende September klingelte in aller Herrgottsfrüh das Telefon. Obwohl es erst halb sieben war, war Martina schon im Bad, während ich mich noch einmal genüsslich im Bett umdrehte. Das Gespräch bekam ich daher noch im Halbschlaf vor mich hin dösend mit.

„Frau Martina, Macy Gray hat kleine Pferd!" Mirek, einer der polnischen Pferdepfleger aus unserem Stall, konnte seine Aufregung kaum unterdrücken.

Martina hatte Schwierigkeiten, den Sinn hinter Mireks Worten zu verstehen. „Wie, Mirek? Ich versteh' nicht recht. Ich weiß, Macy ist ein kleines Pferd."

„Nein, nein!", verzweifelt versuchte Mirek zu erklären. „Zwei Pferde in der Box!"

„Wie? Zwei Pferde in der Box?"

Ich konnte mir auf den Teil des Gesprächs, den ich bis dahin mitbekommen hatte, keinen rechten Reim machen und rief Martina schlaftrunken zu: „Welcher Idiot hat seinen Esel zu Macy in die Box gestellt?"

Martina hingegen dämmerte es allmählich. „Michl, ich glaube, das geht in eine ganz andere Richtung", raunte sie mir zu. Und an Mirek gewandt fragte sie: „Baby?"

„Ja."

„Nein!"

„Doch!" Mirek war erleichtert, endlich verstanden worden zu sein.

13

Auch bei mir war nun der Groschen gefallen. Ich sprang aus dem Bett. Die Müdigkeit war wie weggeblasen. Der plötzliche Ausstoß einer nicht zu geringen Menge an Adrenalin hatte ihr nicht den Hauch einer Chance gelassen. Martina und ich sahen uns fassungslos an. Macy Gray, Martinas Stute, die erst vor wenigen Wochen zu uns gekommen war, hatte ein Fohlen zur Welt gebracht.

Meine Gefühle fuhren Achterbahn mit mir.

Mein Kopf begann, im Bruchteil einer Sekunde alle möglichen und unmöglichen Fragen aufzulisten. Wie um alles in der Welt konnte das sein? Wieso hatten wir die Trächtigkeit nicht bemerkt? Wie ging es Macy? Wie ging es dem Fohlen? Während des Telefonats war Martina angesichts der überraschenden Nachricht so geschockt gewesen, dass sie total vergessen hatte, nach den beiden zu fragen. Auch wussten wir nicht, ob Macy ein Stutfohlen oder ein Hengstfohlen geboren hatte.

Und schon ratterten die Gedanken weiter. Was kam da jetzt alles auf uns zu? Bislang waren wir ganz normale Pferdebesitzer gewesen, die keinerlei Ambitionen gehabt hatten, ins Zuchtgeschäft einzusteigen. Und nun steckten wir plötzlich mitten drin. Wir hatten doch nicht die geringste Ahnung von der Fohlenaufzucht. Wie sollten wir das alles schaffen? Fragen über Fragen türmten sich vor mir auf. Und auf keine einzige wusste ich auch nur im Ansatz eine Antwort.

In meinem Kopf schwirrten die Gedanken, mein Herz aber jubelte. Ein Fohlen, ein eigenes Fohlen! Das war der heimliche Traum jedes Pferdebesitzers. Bei den meisten, so auch bei uns, siegte aber die Vernunft, und man versagte sich die Erfüllung dieses Traumes. Uns hatte das Schicksal nun aber ohne Vorwarnung vor vollendete Tatsachen gestellt. Wahnsinn! Manchmal muss man zu seinem Glück einfach gezwungen werden.

Aber Sorgen und Freude hatten jetzt erst einmal hintanzustehen. Zunächst mussten wir schnellstmöglich zu Macy und ihrem Fohlen.

Martina und ich umarmten uns mit einem ungläubigen Kopfschütteln und einem breiten Grinsen auf dem Gesicht, als hätten wir gerade erfahren, dass wir im Lotto gewonnen hatten. Dann machten wir uns fertig. Fürs Zähneputzen und eine Katzenwäsche sollte es noch reichen. Das Frühstück musste warten. Im Eiltempo fuhren wir in den Stall.

Als wir kurz darauf dort ankamen, hatte Anni, die damalige Bereiterin auf dem Waldnerhof, bereits alles Erforderliche in die Wege geleitet. Mutter und Kind waren in eine freie Nachbarbox gebracht worden, damit Macys Box von den Spuren der Geburt gereinigt und frisch eingestreut werden konnte. Der Tierarzt war bereits verständigt, die Nachgeburt für die Beschau gesichert. Was hätten wir nur gemacht, wenn Anni nicht für uns da gewesen wäre? An den Tierarzt hätten wir wohl noch gedacht. Aber alles andere ... ?

Zumindest für den Moment gab es für uns nichts zu tun, als noch immer um Fassung ringend Macys Nachwuchs in Augenschein zu nehmen. Wir standen vor der Box und kamen aus dem Staunen nicht heraus.

Macy hatte ein wunderschönes Stutfohlen zur Welt gebracht. Die Kleine hatte rehbraunes Fell mit einem leicht angedeuteten Aalstrich, der am Hals in eine strubbelige kurze Stehmähne überging. Auch die Haare, die ihre Schweifrübe zierten, waren nicht viel länger. Bis zu einem richtigen Schweif war es noch ein weiter Weg. Umso länger waren dafür die Beine der Kleinen. Und das war auch gut so, denn so hatte sie keine Probleme, an Macys Euter heranzukommen. Allerdings war sie dadurch auch noch etwas unsicher unterwegs. Wie auf Stelzen stakste sie durch ihre neue Welt.

Selbstbewusst blickte uns die Kleine aus ihren großen dunkelbraunen Augen an, denen die kokettesten Wimpern, die ich je bei einem Pferd gesehen habe, eine ganz besondere Ausstrahlung verliehen. Die Kleine ähnelte ihrer Mutter sehr. Wie diese hatte sie drei weiße Fesseln. Ihren Kopf zierte eine Blesse, die allerdings deutlich breiter war als jene ihrer Mutter. Aber wie bei Macy erstreckte sie sich von der Stirn bis zur Oberlippe. Dort teilte sie sich an einem schwarzen Punkt, der für immer ihr Markenzeichen bleiben sollte.

Wir waren hin und weg, völlig verzaubert von dem kleinen Wesen. So muss es sich anfühlen, wenn man Großeltern wird.

Sollte uns auch nur für den Bruchteil einer Sekunde der abwegige Gedanke gekommen sein, die Kleine wegzugeben, so war uns dies nun gänzlich unmöglich geworden. Im Grunde war ja schon bei unserer Umarmung kurz nach Mireks Anruf alles klar gewesen. Auf der Fahrt zum Waldnerhof hatten wir – mehr pro forma – die beiden Möglichkeiten nochmal rasch abgewogen. Das Fohlen behalten und selbst aufziehen oder Mutter und Kind an den Händler zurückgeben? Einige wenige Worte hatten genügt. Ohne es konkret aussprechen zu müssen, war uns beiden klar gewesen, dass wir an diesem Morgen Familienzuwachs bekommen hatten.

Es wäre mit unserer Auffassung von der Verantwortung, die man für ein Tier beim Kauf übernimmt, nicht vereinbar gewesen, Macy nur deshalb zu verstoßen, weil sie uns ein lediges Kind auf die Schwelle gelegt hatte. „Einmal Graf – immer Graf!" war schon immer unsere Devise gewesen. Und die Kleine konnte am allerwenigsten dafür, dass es sie gab. Warum hätte also gerade sie die Suppe auslöffeln sollen? Auf einen solch abwegigen Gedanken hätte nur jemand kommen können, der Pferde ausschließlich als Sportgerät nicht aber als Kamerad oder gar als Familienmitglied betrachtete.

„So gegen halb eins hat's im Stall mal etwas Unruhe gegeben. Hat sich aber alles schnell wieder beruhigt. Auch Lydia hat gleich weitergeschlafen. Darum hab' ich mir nichts weiter dabei gedacht und bin nicht 'runter zum Nachsehen."

Anni wohnte in dem Wirtschaftsgebäude, das an den Stall angrenzte. Sie hatte uns schon öfter berichtet, dass ihre Hündin Lydia nachts sehr aufmerksam war, wenn es im Stall ungewöhnliche Geräusche gab. Vergangene Nacht waren die Geräusche wohl nicht ungewöhnlich genug gewesen.

Der Grund für die kurze Unruhe stand nun vor uns und sah uns aus seinen Rehaugen neugierig an.

Vom ersten Augenblick an versuchte die Kleine, Kontakt mit uns aufzunehmen. Nur zu gerne hätten wir die Kontaktaufnahme erwidert. Zunächst hielten wir uns jedoch zurück, weil wir nicht wussten, ob Macy dies gut heißen würde. Vielleicht wollte sie ihre Tochter ja lieber abschirmen. Rasch merkten wir aber, dass Macy keine Einwände hatte. Sie ließ ihr Baby auf Erkundung gehen, während sie sich selbst in aller Seelenruhe dem Fressen widmete. Ab und zu wandte sie ihren Kopf zu der Kleinen, um sie zu beschnuppern, oder zu uns, um sich ein paar Streicheleinheiten abzuholen. Sie zeigte auch nicht das geringste Anzeichen von Unbehagen. Im Gegenteil. Sie schien mit sich und der Welt sehr zufrieden zu sein.

Eine alte Pferdeweisheit besagt: „Das Fohlen bestimmt den Tag, die Stute die Stunde der Geburt." Und in der Tat können Stuten nicht nur in der freien Natur, sondern auch in der Obhut des Menschen den Zeitpunkt der Geburt beeinflussen.

In freier Wildbahn ist das wichtig, um die Überlebenschancen des Fohlens zu erhöhen. So kann die Stute beispielsweise verhindern, dass die Geburt in die Hauptjagdzeit von Fressfeinden fällt. Außerdem kann sie eine Ruhephase der Herde abwarten. Es wäre fatal, wenn das Fohlen gerade während eines Standortwechsels der Herde zur Welt käme. Zwar können Fohlen fast von Anfang an auf eigenen Beinen stehen und mit der Herde mitziehen. Während des Geburtsvorgangs aber sind die Stute und das Fohlen auf den Schutz der Herde angewiesen.

Auch Macy hatte gewartet, bis sich keine Menschen mehr im Stall befunden und sich auch ihre Artgenossen zur Nachtruhe begeben hatten. Erst dann hatte sie entschieden, dass die Zeit reif sei.

Unmittelbar nach der Geburt lecken Stuten ihre Fohlen trocken. Hierdurch wird der Kreislauf der Kleinen angeregt, damit sie schnellstmöglich aufstehen können. Durch das Trockenlecken nimmt die Mutter aber auch den individuellen Geruch ihres Kindes auf, anhand dessen sie es später zuverlässig von den anderen Fohlen der Herde unterscheiden kann. Und auch das Fohlen lernt während dieser Phase seine Mutter kennen und wird auf sie geprägt. Es wird ihr in den ersten Lebenswochen nicht von der Seite weichen.

Zwischen der Geburt und der ersten durch die morgendliche Fütterung verursachten Störung mussten wohl etwa sechs Stunden vergangen sein. Offensichtlich hatte sich Macy während dieser Zeit fürsorglich um ihre Tochter gekümmert. Das Fell der Kleinen war trocken und an keiner Stelle verklebt. Ein Zeichen dafür, dass Macy sie sehr sorgfältig abgeleckt hatte. Und so liebevoll, wie die beiden miteinander umgingen, hatten sie die gemeinsame Zeit ganz offenbar ausgiebig für die wichtige Mutter-Kind-Prägung genutzt. Nachdem diese erfolgreich abgeschlossen war, konnte Macy ihr Fohlen nun getrost auch den anderen Mitgliedern ihrer „Herde" vorstellen.

Martina und ich gingen nicht gemeinsam in die Box, um Mutter und Tochter nicht zu überfordern. Natürlich ließ ich Martina den Vortritt. Schließlich war es ja das Fohlen ihrer Stute.

Sogleich stakste die Kleine auf Martina zu, um sie zu beschnuppern. Ihr Widerrist reichte Martina etwa bis zur Hüfte. Sie ließ sich streicheln. Allerdings nur am Hals und am Körper. Sobald Martina die Hand in Richtung ihres Kopfes ausstreckte, wand sie sich wie eine Schlange, um sich dem Zugriff zu entziehen. Dann lief sie schon mal ein paar Schritte weg, aber nur, um wenig später, wenn die Neugier doch wieder die Oberhand gewonnen hatte, zu Martina zurückzukehren.

Schon jetzt war klar: Die Kleine war kein Angsthase, der sich hinter Mutters Rockzipfel versteckt, sobald man ihn auch nur ansieht. Sie war aber auch kein Auftreiber, der sich nach dem Motto „Weg da! Jetzt komm' ich!" durchs Leben rüpelt. Vielmehr agierte sie ruhig und besonnen und kommunizierte ganz klar, was sie wollte, aber auch, was sie nicht wollte.

Die ungeheure Faszination, die für mich von diesem neugeborenen Lebewesen und der bloßen Tatsache seiner Existenz ausging, war so stark, dass die Grenzen zwischen Realität und Einbildung zu verschwimmen begannen. Wenn ich aufgewacht und alles nur ein Traum gewesen wäre, hätte mich das nicht im Geringsten überrascht. Alle meine Sinne waren auf Martina und das Fohlen fokussiert. Ich befand mich in einem Tunnel, der alle Umgebungsgeräusche ausblendete.

Martina blieb die ganze Zeit stehen, weil sie der Sache noch nicht ganz traute. Immerhin war ja nicht auszuschließen, dass Macy es sich doch noch anders überlegte und einschritt. Sie blieb jedoch die ganze Zeit gelassen und ließ ihre Tochter gewähren.

Zu der überwältigenden Faszination gesellte sich noch ein weiteres Gefühl, das aus dem tiefsten Herzen rührt und das mich auch heute immer wieder durchströmt, wenn ich bei der Kleinen bin. Ich möchte sie dann einfach nur in den Arm nehmen und ganz fest drücken. Heute brauche ich mir keine Sorgen mehr zu machen, ihr weh zu tun, denn mittlerweile ist die „Kleine" ein ausgewachsenes Pferd, das ich ohne Bedenken umarmen und drücken kann. Dabei bin ich froh, dass ich nicht sehe, wie sie wahrscheinlich hinter meinem Rücken die Augen zu einem „Er schon wieder. Aber, wenn er meint ...!" verdreht, mich aber gnädigerweise doch gewähren lässt.

Bei all den Emotionen dieses ersten Tages kamen aber doch auch immer wieder Fragen hoch, auf die uns noch Antworten fehlten. Wie sollte es mit Macy und ihrer Tochter nun weitergehen? Doch ich schob diese Gedanken jedes Mal schnell wieder beiseite und beschloss, den Augenblick zu genießen. Irgendwie würde schon alles klappen. Es blieb uns ja auch gar nichts anderes übrig, als für alle Probleme eine Lösung zu finden. Genügend Leute mit ausreichend Pferdeerfahrung kannten wir. Und zum Telefonieren hatten wir an diesem Tag noch genug Zeit. Die meisten unserer Bekannten waren wahrscheinlich noch nicht einmal aufgestanden.

Als Mirek und sein Kollege Bartek Macys Box auf Vordermann gebracht hatten, führten wir Mutter und Tochter wieder zurück. Dabei mussten wir der Kleinen etwas helfen, damit sie auf dem Pflaster der Stallgasse nicht ausrutschte. Anni und ich flankierten sie links und rechts, jeweils die eine Hand am Hals, damit sie nicht seitlich ausbrechen konnte, und die andere an der Hinterhand, um sie vorsichtig vorwärts zu schieben. Martina ging mit Macy voraus, um ihr den Weg zu weisen.

Glücklich in Macys Box angekommen, suchte die Kleine erst mal Macys Euter auf, um sich zu stärken. Sie bei Macy trinken zu sehen, fesselte meinen damals schon zwanzigjährigen Schimmelwallach Salt, der die Nachbarbox bewohnte, ungemein. Mit hengstig aufgestelltem Hals sah er gebannt zu. Dabei gab er nicht den geringsten Laut von sich. Erst als die Kleine mit dem Trinken fertig war, entspannte er sich wieder.

Eine Box weiter bekam Corleone, Martinas alter Wallach, von alledem nichts mit und widmete sich in aller Ruhe seinem Futter.

Für uns Umstehende war die Situation hingegen ebenso bewegend wie für Salt. Keiner gab auch nur den geringsten Mucks von sich. Obgleich es sich eigentlich um den für Säugetiere natürlichsten aller Vorgänge handelte, milliardenfach praktiziert, ging von der Szene doch eine Innigkeit aus, die uns ohne Ausnahme in ihren Bann schlug.

Bartek war es gewesen, der Macys Nachwuchs entdeckt hatte. Als er mit dem Futterwagen an Macys Box vorbeigefahren war, hatte sie wie gewöhnlich an der Krippe gestanden und auf ihr Frühstück gewartet. Als er gerade zur nächsten Box weitergehen wollte, hatte er im Augenwinkel eine Bewegung hinter Macy bemerkt. Daraufhin hatte er nochmals genauer hingesehen und das kleine Bündel entdeckt, das da im Stroh lag. Anrufen musste aber Mirek, weil Barteks Deutsch für die Übermittlung einer Nachricht dieser Tragweite damals noch nicht ausgereicht hatte, fand er jedenfalls. Nun strahlten Bartek und Mirek um die Wette über das ganze Gesicht, als seien sie selbst gerade Vater geworden.

Mittlerweile war die Tierärztin eingetroffen. Nachdem sie gesehen hatte, dass keine Gefahr im Verzug war, mussten wir ihr die Ereignisse des Morgens erst einmal in allen Details berichten. Allzu viel gab es allerdings gar nicht zu erzählen, denn wir wussten im Moment ja selbst kaum mehr, als dass wir vor einigen Wochen eine Stute gekauft hatten, bei der niemand gemerkt hatte, dass sie trächtig war, und dass diese Stute in der Nacht ihr Fohlen ganz alleine und ohne fremde Hilfe zur Welt gebracht hatte. Aber selbst diese wenigen Fakten waren so skurril, dass jedermann gebannt zuhörte.

Zunächst nahm die Tierärztin Macy die Hufeisen ab, um die Verletzungsgefahr für die Kleine zu minimieren. Anschließend unterzog sie Mutter und Tochter einer eingehenden Untersuchung. Alles war in bester Ordnung. Die Nachgeburt sah aufgrund der langen Zeit, die seit der Geburt vergangen war, zwar etwas zerfleddert aus. Macy und die Kleine mussten wohl mehrfach darauf getreten sein. Dennoch gab es keinen Anlass zu der Sorge, Macy habe sie nicht vollständig ausgeschieden. Auch mit dem Nabel der Kleinen war die Tierärztin zufrieden. Allerdings konnte sie nicht mit Sicherheit sagen, ob das Darmpech nach der Geburt abgegangen war. Möglicherweise war es beim Säubern der Box entsorgt worden. Die Tierärztin bat uns, darauf zu achten, ob die Kleine auch tatsächlich Kot absetzte, und uns notfalls nochmals bei ihr zu melden. Aber auch diese Frage sollte sich innerhalb der nächsten halben Stunde von selbst erledigen. Zu guter Letzt nahm die Tierärztin der Kleinen noch Blut ab, anhand dessen untersucht werden sollte, ob sie mit der ersten Muttermilch genügend Antikörper aufgenommen hatte, so dass sie für ihre ersten Lebenstage über ein ausreichend starkes Immunsystem verfügte. Am frühen Nachmittag sollten wir die Mitteilung erhalten, dass auch diesbezüglich alles bestens war.

Den Start in ihr Leben hatte die Kleine mit Hilfe ihrer Mutter also prima hingekriegt. Jetzt brauchte sie nur noch einen Namen. Wir mussten nicht lange überlegen. Die Kleine war im wahrsten Sinne des Wortes ein Kind der Liebe, dessen Existenz gleich in mehrfacher Hinsicht an ein Wunder grenzte. Daher nannten wir sie Miracle of Love. In Anlehnung an die Initialen MoL wollten wir sie im Alltag aber Molly nennen.

Das Wunder von Mollys Existenz bestand vor allem darin, dass sie auf die natürlichste aller nur denkbaren Möglichkeiten gezeugt worden sein musste. Macy hatte sich ganz offensichtlich von einem Hengst decken lassen, den sie sich selbst ausgesucht hatte.

Das ist vor allem deshalb ein Wunder, weil der Mensch heutzutage die totale Kontrolle über die Fortpflanzung domestizierter Pferde übernommen hat. Zumindest bei Warmblütern, die am häufigsten als Reitpferde verwendet werden, wird man nur in seltenen Ausnahmefällen Herden finden, in denen ein Hengst mit seinem Harem zusammenleben darf.

Normalerweise wird in den Fortpflanzungsakt unterschiedlich stark eingegriffen.

Da gibt es zunächst einmal den Natursprung, der dem Deckakt in der freien Natur am nächsten kommt. Dabei werden der Hengst und die Stute auf einer Koppel zusammengeführt und können selbst entscheiden, ob sie sich miteinander einlassen wollen oder nicht. Da die Tiere einander nicht oder nur kurz kennen, kommt es aber sowohl aufseiten des Hengstes als auch aufseiten der Stute häufig zu Überreaktionen, die ein erhebliches Verletzungsrisiko für beide Tiere bergen. Insbesondere bei wertvollen, im Sport erfolgreichen Stuten, sind deren Besitzer daher meist nicht bereit, dieses Risiko einzugehen.

Daneben gibt es den sogenannten „Sprung an der Hand", bei dem es ebenfalls zur Paarung von Hengst und Stute kommt. Um die Verletzungsgefahr für Stute und Hengst zu reduzieren, wird der Hengst an einem Halfter unter Kontrolle gehalten. Die Bewegungsmöglichkeit der Stute wird allerdings, gerade wenn Laien die Deckung durchführen, häufig so weit eingeschränkt, dass sie nicht mehr die Möglichkeit hat, sich zu entziehen. In diesem Fall verkommt der „Sprung an der Hand" zu einem nicht nur aus Gründen des Tierschutzes abzulehnenden Vorgang. Wird er aber von erfahrenem Personal ausgeführt, das darauf achtet, ob die Stute auch wirklich zur Paarung bereit ist, und gegebenenfalls abbricht, so unterscheidet er sich kaum vom Natursprung.

Die verbreitetste Art der Fortpflanzung ist jedoch die Besamung durch den „Rucksack-Hengst", wie im Jargon der Tierarzt genannt wird, der der Stute in einem gynäkologischen Eingriff das Sperma eines Hengstes verabreicht, den sich die Besitzer der Stute zuvor in einem Prospekt oder im Internet ausgesucht haben. Die Gewinnung des Spermas für die künstliche Besamung gleicht dem „Sprung an der Hand", allerdings mit dem entscheidenden Unterschied, dass der Hengst keine Stute bespringt, sondern einen Dummy, das sogenannte Phantom. Zur Stimulation wird dem Hengst in sicherem Abstand eine rossige Stute präsentiert. Das aufgefangene Sperma wird portioniert, tiefgefroren und für den Versand fertig gemacht. Auf diese Weise kann ein Hengst eine sehr große Zahl von Nachkommen „zeugen". Für den Besitzer eines im Sport erfolgreichen Hengstes kann der Verkauf des Spermas ein sehr einträgliches Geschäft sein.

Die Besitzer von Stuten sind diesbezüglich klar im Nachteil. Jede Stute kann im Laufe ihres Lebens nur eine sehr begrenzte Zahl von Nachkommen gebären. Zudem kann sie während der Trächtigkeit nicht die volle Leistung bringen, womit ihre Erfolgschancen im Sport und damit natürlich auch ihr Wert sinken. Aber der Mensch wäre nicht der Mensch, wenn er sich nicht auch für dieses „Problem" eine Lösung hätte einfallen lassen: Sobald feststeht, dass die Stute aufgenommen hat, d.h. dass eine ihrer Eizellen befruchtet worden ist, wird ihr der Zellhaufen, der sich in der Zwischenzeit aus der befruchteten Eizelle gebildet hat, entnommen und einer Leihmutter eingepflanzt, die das Fohlen dann austrägt, gebiert und wie ihr eigenes Kind aufzieht. Die biologische Mutter hat sich von dem Eingriff schon nach kurzer Zeit erholt und kann wieder im Sport eingesetzt werden.

All diesen vom Menschen zu seinem Vorteil erdachten Vermehrungspraktiken hatte Macy ein Schnippchen geschlagen und ihr Fohlen auf dem von der Natur ursprünglich einmal vorgesehenen Weg empfangen, ausgetragen und zur Welt gebracht.

Ein Wunder war aber auch der Zeitpunkt der Befruchtung. In der freien Wildbahn werden Stuten nämlich nur in den warmen Monaten rossig, um zu verhindern, dass die Fohlen kurz vor dem Winter oder gar im Winter geboren werden. Üblicherweise dauert die fruchtbarste Phase von Mai bis Juli an, während die Stute vom Herbst bis zum Frühjahr nicht trächtig wird. Berücksichtigt man die bei Pferden übliche Tragzeit von etwa elf Monaten, musste Molly etwa Ende Oktober/Anfang November empfangen worden sein, also außerhalb der regulären Zeit. Aber wenn man wie Macy das Glück hat, dass einem der Zufall einen Hengst zuführt, den man auch noch mag, dann kann man als Stute schon mal mit einer Spontanrosse nachhelfen.

Inzwischen war es neun Uhr geworden, und die ersten Einsteller kamen zu ihren Pferden. Die Nachricht von Mollys unerwarteter Geburt verbreitete sich im Stall wie ein Lauffeuer. Natürlich wollten alle das Fohlen sehen. Unsere Bitte, Mutter und Tochter möglichst viel Ruhe zu gönnen, wurde aber respektiert, auch wenn man sie bei dem einen oder der anderen mit etwas mehr Nachdruck vortragen musste.

Uns war klar, dass Macy und Molly nicht auf dem Waldnerhof, einem reinen Reitstall, würden bleiben können. Aber wo gab es einen Aufzuchtstall, der die beiden aufnahm? Konnte man einen Nachzügler, wie Molly es war, überhaupt in eine bereits bestehende Fohlenherde integrieren? Sie war ja etwa ein halbes Jahr nach dem bei Pferden üblichen Geburtstermin zur Welt gekommen und daher so viel kleiner und schwächer als ihre Jahrgangsgenossen.

Wieder kam uns Anni zu Hilfe. Sie kannte einen Aufzuchtstall in nicht allzu großer Entfernung, den Josephihof. Sie hatte dort selbst schon einmal ein Fohlen zur Aufzucht gehabt und war sehr zufrieden gewesen. Anni bot uns an, den Kontakt zu Frau Gebert, der Besitzerin, herzustellen. Und tatsächlich erklärte sich diese am Telefon grundsätzlich bereit, Macy und Molly bei sich aufzunehmen. Durch eine glückliche Fügung hatte sie noch zwei weitere „Nachzügler" und deren Mütter in Betreuung. Die beiden anderen Fohlen waren erst im Juli geboren worden. Sie waren also nur zwei Monate älter als Molly. Frau Gebert hoffte, unsere beiden Lieblinge in diese kleine Gruppe integrieren zu können. Aber bevor sie endgültig zustimmte, wollte sie uns erst noch persönlich kennenlernen. Martina und ich sollten uns am Nachmittag auf dem Josephihof vorstellen.

Vorab gab uns Frau Gebert noch einen wertvollen Rat: „Verhängen Sie die Box blickdicht mit Decken. In einem Reitstall ist durch den laufenden Betrieb viel zu viel Unruhe für ein neugeborenes Fohlen. Auf diese Weise können Sie den beiden wenigstens ein bisschen Abgeschiedenheit verschaffen." Selbstverständlich setzten wir diesen Rat sofort in die Tat um.

Martina und ich blieben noch einige Zeit im Stall, um das Zusammenleben von Mutter und Tochter zu beobachten.

Macy war eine liebevolle und fürsorgliche Mutter, die ihrer Tochter aber auch Raum ließ, ihre Welt zu erkunden. Manchmal „explodierte" die Kleine unvermittelt, vollführte ein oder zwei Bocksprünge, um gleich darauf wieder die Nähe der Mutter zu suchen. Regelmäßig trank sie bei ihr und sank danach erschöpft ins Stroh, legte sich auf die Seite und schlummerte ein. Auch wenn Molly schlief, bewegte sich Macy völlig ungezwungen in der Box. Dabei bestand aber zu keinem Zeitpunkt auch nur die geringste Gefahr, dass sie die Kleine getreten hätte. Wir waren von der Souveränität unserer Stute überrascht. Molly war unseres Wissens Macys erstes Fohlen, und doch ging sie mit der Situation in einer Selbstverständlichkeit um, als hätte sie nie etwas anderes gemacht.

## Wie Macy zu uns kam

Auch der Händler, von dem wir Macy gekauft hatten, wird sich an den Tag von Mollys Geburt wohl Zeit seines Lebens erinnern. Martina rief ihn keine zehn Minuten nach dem Telefonat mit Mirek auf der Fahrt zum Waldnerhof an.

„Guten Morgen, Herr Fichtner, Macy hat heute Nacht ein Fohlen bekommen", hatte sie ihn gleich bei der Begrüßung ohne Umschweife mit der Nachricht des Tages konfrontiert.

Stille am anderen Ende der Leitung. Ich konnte nur zu gut nachempfinden, wie es Herrn Fichtner, den Martina ganz offensichtlich aus dem Schlaf geklingelt hatte, gerade ging. Nur wenige Minuten zuvor hatte ich bei der Nachricht „Zwei Pferde in der Box!" selbst nur wirre Gedanken zustande gebracht. Ähnlich musste es jetzt gerade Herrn Fichtner ergehen.

Endlich brach er sein Schweigen. „Frau Graf, ich bin sprachlos. Ich weiß gar nicht, was ich sagen soll. Geben Sie mir bitte ein bisschen Zeit. Ich rufe Sie zurück!"

Nur kurz war in uns der Verdacht aufgekeimt, dass Herr Fichtner uns wissentlich eine trächtige Stute verkauft hatte. Vor dem Hintergrund des Rufs, den Pferdehändler im Allgemeinen genießen, war das wohl ein geradezu klassischer Pawlow'scher Reflex. Nachdem der gesunde Menschenverstand aber wieder die Oberhand gewonnen hatte, waren wir uns sicher, dass wir uns in Herrn Fichtner nicht getäuscht hatten.

Herr Fichtner, den wir durch unseren unerwarteten Anruf zu früher Morgenstunde abrupt aus dem Schlaf gerissen hatten, hätte seine Überraschung nie und nimmer so echt spielen können. Auch rational betrachtet, ergab der Verdacht keinen Sinn. Herr Fichtner war Geschäftsmann. Wir durften also ruhigen Gewissens unterstellen, dass er keine Entscheidung getroffen hätte, die für ihn einen finanziellen Nachteil zur Folge gehabt hätte. Hätte er von Macys Trächtigkeit gewusst, so hätte er unabhängig vom Verlauf der Geburt davon ausgehen müssen, dass ihr Verkauf für ihn mit an Sicherheit grenzender Wahrscheinlichkeit zu einem Verlustgeschäft werden würde.

Herr Fichtner hatte eine hübsche Stange Geld für Macys Ausbildung ausgegeben, bevor er sie zum Verkauf angeboten hatte. Wenn er von der Trächtigkeit gewusst hätte, hätte er diese Investition sicher nicht getätigt. Er wäre das Risiko, das Geld durch den Tod der Stute bei einer unbeaufsichtigten Geburt zu verlieren, nie und nimmer eingegangen.

Aber auch für den Fall einer problemlosen Geburt hatte Herr Fichtner davon ausgehen müssen, dass Macy und ihr Fohlen ihm noch ein gutes weiteres Jahr auf der Tasche liegen würden, denn jeder andere Käufer hätte ihm Mutter und Tochter vor die Tür gestellt und sein Geld zurückverlangt. Die Chance, jemanden wie uns zu finden, der Stute und Fohlen behielt, war vernachlässigbar gering.

Alles in allem kamen wir zu dem Ergebnis, dass Herr Fichtner Macys Trächtigkeit wohl hätte unterbrechen lassen, wenn er von ihr gewusst hätte. Welches Glück für Molly, dass ihre Mutter es so geschickt verstanden hatte, ihren Zustand zu verbergen.

Als Martina ein halbes Jahr zuvor mit der Suche nach einem Reitpferd begonnen hatte, war sie bei ihren Recherchen auch auf eine Anzeige von Herrn Fichtner gestoßen. In dieser Anzeige waren ihr vor allem zwei Pferde aufgefallen, ein Wallach und eine Scheckstute. Und so hatte Martina Herrn Fichtner kontaktiert und mit ihm einen Termin für ein Probereiten vereinbart.

Zufälligerweise hatte ich ein paar Tage später einen Geschäftstermin in der Nähe von Herrn Fichtners Hof. Da dieser Termin früher als gedacht zu Ende war, beschloss ich spontan, Herrn Fichtner einen Besuch abzustatten.

Zwar traf ich weder Herrn Fichtner noch seine Frau an. Sein Schwiegervater empfing mich jedoch sehr freundlich. Ich stellte mich vor und erzählte, wie es zu diesem unangekündigten Besuch gekommen war. Die Offenheit, mit der er mich daraufhin auf dem Hof herumführte und mir alle Verkaufspferde zeigte, machte auf mich einen sehr positiven Eindruck.

Als wir bei dem Wallach vorbeikamen, fragte ich, ob ich kurz zu ihm in die Box dürfe. Es hätte mich nicht gewundert, wenn er es mir nicht gestattet hätte, schon allein aus Gründen des Versicherungsschutzes.

Aber Herrn Fichtners Schwiegervater trieb eine ganz andere Sorge um.

„Mit dem guten Anzug?", fragte er mich grinsend.

„Das Risiko gehe ich ein", entgegnete ich. „Ich habe heute keinen weiteren Termin. Und außerdem müssen die Reinigungen ja auch von etwas leben", fügte ich augenzwinkernd hinzu.

Er lachte und bedeutete mir mit einer Handbewegung, dass ich in die Box gehen dürfe.

Für Pferde macht es einen großen Unterschied, ob sie mit einem Menschen durch das Boxenfenster Kontakt aufnehmen oder ob der Mensch zu ihnen in die Box tritt. Beim Kontakt durch das Boxenfenster können sie sich jederzeit zurückziehen, betritt man dagegen die Box, so dringt man in ihren geschützten Bereich ein. Schließt sich an die Box kein Auslauf an, so hat das Pferd keine Rückzugsmöglichkeit mehr. Ich wollte wissen, wie der Wallach mit dieser Situation umgehen würde, denn die Reaktion gibt Auskunft über mögliche schlechte Erfahrungen, die das Pferd in seinem bisherigen Leben mit Menschen gemacht hat.

Um den Wallach nicht zu überfordern, und auch, um mir ein erstes Bild von seinem Charakter zu machen, stellte ich mich ihm zunächst am Boxenfenster vor. Ich ließ ihn an meinen Händen schnuppern, streichelte ihn an der Stirn und hauchte ihm leicht in die Nüstern.

Auch wenn der Geruchssinn nicht ihr wichtigster Sinn ist, ist er bei Pferden doch sehr gut ausgebildet. So gut, dass sie am Kot eines Artgenossen erkennen können, welches Geschlecht er hat und wie sein Gesundheitszustand ist. Da mir diese Form der Kommunikation aus verständlichen Gründen nicht zur Verfügung steht, habe ich es mir zur Angewohnheit gemacht, Pferden leicht in die Nüstern zu hauchen, um ihnen über meinen Atem in möglichst kurzer Zeit möglichst viel über mich zu erzählen. Ich habe damit immer sehr gute Erfahrungen gemacht.

Der Wallach erwies sich, wie später auch die Scheckstute, als sehr umgänglich und freundlich. Es gab also keinen Grund, das Probereiten wieder abzusagen.

Der positive Eindruck, den ich bei meiner unangekündigten Stippvisite gewonnen hatte, sollte sich fortsetzen, als Martina und ich Herrn Fichtner dann das erste Mal „offiziell" besuchten.

In dem ersten Telefonat mit Herrn Fichtner hatte sich Martina als erfahrene Reiterin mit langjähriger Praxis im Sattel vorgestellt. „Die drei wichtigsten Eigenschaften sind für mich aber trotzdem brav, brav und nochmals brav", hatte sie dabei unmissverständlich klar gemacht.

Herr Fichtner meinte daraufhin, dass der Wallach wohl nichts für Martina sein werde, da er ein „ziemlich heißer Ofen" sei. „Der ist zwar grundsätzlich willig, muss aber jeden Tag gearbeitet werden. Einfach mal zwei, drei Tage nur so lala reiten, ist bei dem nicht drin. Dann wird er richtig heiß. Der ist eigentlich was für einen Profi." Martina solle ihn aber

gleichwohl ausprobieren, sozusagen als Standortbestimmung.

Auch die Scheckstute werde wohl nichts für Martina sein, meinte Herr Fichtner zudem. Er befürchte,
dass sie mit ihr unterfordert sei.

Aber er habe da noch eine dunkelbraune Stute, die
nicht auf seiner Website zu finden sei. Sie sei zwar
schon im Dezember zu ihm gekommen. Da die Stute
aber sehr gute Anlagen habe und er sogar überlegt
habe, sie für sich selbst zu behalten, habe er sie zunächst für ein paar Monate in Ausbildung gegeben.
Von dort sei sie erst vor zwei Wochen wieder zurückgekehrt. Die Stute sei sehr brav und habe überdies ihr
Talent bei Turnieren bereits erfolgreich unter Beweis
gestellt. Er könne sich vorstellen, dass Martina und sie
sehr gut harmonieren würden.

Herr Fichtner sollte mit seiner Einschätzung in jeder
Hinsicht Recht behalten.

Der Wallach war zwar nicht besonders groß, hatte
aber eine relativ breite Brust und einen massigen
Hals. Möglicherweise war er erst spät gelegt, d.h.
kastriert, worden. Seine kurzen, aber kraftvollen Tritte zeigten, dass er seinem Reiter nichts schenken
würde und erwartete, dass man die Lektionen aus
ihm herausritt. Außerdem gaben sie einen Vorge-
schmack auf das, was mit dem Wallach möglich war,
und zwar sowohl im Guten als auch im nicht ganz so
Guten. Er war einfach nicht das brave Pferd, das Martina suchte. Trotz allem kam Martina mit dem

Wallach sehr gut zurecht, was auch Herrn Fichtner nicht verborgen blieb.

Während Fanny, eine Freundin mit sehr viel Pferdeerfahrung, die uns zum Probereiten begleitet hatte, bei Martina in der Reithalle blieb, ging ich zu der dunkelbraunen Stute, die auf Herrn Fichtners Geheiß gerade geputzt wurde, Macy Gray. Sie hatte ich bislang ja noch nicht kennengelernt. Macy hatte ein sehr freundliches Wesen und nahm sofort Kontakt zu mir auf, während ich mich mit der Pflegerin über sie unterhielt. Sie roch an meinen Handschuhen und ließ sich von mir überall streicheln, auch am Kopf. Überhaupt war sie sehr sanft, ja fast zärtlich im Umgang. Und das schon beim ersten Aufeinandertreffen. Ich muss gestehen, dass ich mich schon da ein wenig in Macy verguckt habe.

Beim Probereiten zeigte Macy sehr schöne, ausdrucksvolle Bewegungen, die erahnen ließen, was in ihr steckte. Sie hatte viel, nach Martinas Empfinden aber nicht zu viel Schwung. Trotz ihres gehörigen Vorwärtsdrangs gab Macy, anders als zuvor der Wallach, Martina ein Gefühl der Sicherheit. Sie schien das brave Pferd zu sein, das Martina gesucht hatte. Auch die Ausbildung, von der Herr Fichtner erzählt hatte, hatte sich bezahlt gemacht. Willig zeigte Macy alle Lektionen, die Martina von ihr forderte. Meine Frau war mehr als zufrieden. Man konnte an ihrem strahlenden Gesicht sehen, wie wohl sie sich auf Macy fühlte.

Es bedurfte keiner großen Abstimmung zwischen Martina und mir, um Herrn Fichtner mitzuteilen, dass wir ernsthaftes Interesse an Macy hatten. Auch Fanny war von Macy begeistert. Gleichwohl erbaten wir uns etwas Bedenkzeit, die uns Herr Fichtner auch gewährte.

Auf der Rückfahrt ließen Martina und Fanny das Probereiten in allen Details Revue passieren, während ich fuhr und interessiert zuhörte. Am intensivsten wurde natürlich Macy analysiert und in allen Einzelheiten besprochen.

Nach einiger Zeit wandte sich Martina an mich.

„Du bist die ganze Zeit so still. Nun sag doch auch mal was!"

„Was soll ich noch sagen?", entgegnete ich. „Ihr habt doch alle Vorteile von Macy präzise auf den Punkt gebracht. Und als nachteilig habe ich immer nur zwei Dinge gehört: ‚Eigentlich wollte ich keine Stute!' und ‚Ich kann doch nicht das erstbeste Pferd kaufen!'. Aber warum eigentlich nicht? Es könnte doch sein, dass das erste tatsächlich auch das beste ist."

„Du wieder!", bekam ich mit gespielter Entrüstung zur Antwort.

Am Ende einigten wir uns darauf, dass Martina ein zweites Probereiten vereinbaren und bis dahin weitersuchen solle, um eben nicht das Gefühl zu haben, das erstbeste Pferd zu kaufen. Insgeheim hoffte ich aber, dass Martinas Wahl auf Macy fallen würde.

Ein paar Tage später war es so weit. Dieses Mal wurde Macy nicht wie beim ersten Besuch von Frau

Fichtner vorgeritten, bevor Martina sich in ihren Sattel schwang. Außerdem verließen sie die Reithalle und gingen auf den Außenplatz, unmittelbar neben einer Baustelle. Zu unserer Überraschung störte sich Macy nicht im Geringsten am Baulärm. Und auch ein in wenigen hundert Metern Entfernung vorbeifahrender Güterzug konnte sie nicht aus der Ruhe bringen.

Wenn wir damals geahnt hätten, dass Macy zu diesem Zeitpunkt bereits im achten Monat trächtig und somit „hormonell gedopt" war, hätten wir auf dem Absatz kehrt gemacht und wären wieder heimgefahren. Und zwar ohne sie.

Aber so verlief das zweite Probereiten zu Martinas vollster Zufriedenheit. Wir mussten uns nur ansehen, um zu wissen, dass Macy das Pferd ihrer Wahl sein würde.

Bei Kaffee und Kuchen wurden wir uns mit Herrn Fichtner schnell handelseinig. Die Ankaufsuntersuchung würde von einem auf Pferde spezialisierten Tierarzt aus unserer Gegend durchgeführt werden. Anschließend würde Herr Fichtner Macy persönlich zum Waldnerhof bringen.

Gesagt, getan. Nachdem die Ankaufsuntersuchung keinen Befund ergeben hatte, der einen Rückzieher gerechtfertigt hätte, wurde der Kaufvertrag unterschrieben, und Mitte Juli zog Macy auf dem Waldnerhof ein.

## Der Antrittsbesuch

An all das erinnerten wir uns, als wir am Nachmittag auf dem Weg zum Josephihof waren, um uns bei dessen Besitzerin vorzustellen.

In die Zuversicht, dass wir uns mit Frau Gebert schon verstehen würden, mischte sich die Unsicherheit, was werden sollte, wenn diese Macy und Molly wider Erwarten doch nicht bei sich aufnehmen würde. Wir hatten keinen Plan B. Ich fühlte mich, als sei ich gerade auf dem Weg zu einem Elterngespräch, zu dem wir von der Direktorin der Schule unserer Kinder ohne Angabe von Gründen gebeten worden waren. Und ich bin sicher, dass auch Martina nicht ganz wohl in ihrer Haut war.

Der Josephihof war ein reiner Aufzuchtstall. Zum einen züchtete Frau Gebert mit ihren eigenen Stuten, zum anderen brachten die Besitzer trächtiger Stuten ihre Lieblinge einige Wochen vor dem vorausberechneten Geburtstermin zum Abfohlen dorthin.

Von der Hauptstraße führte ein nicht asphaltierter Weg teils durch Wald, teils vorbei an schönen großen Weiden zum Josephihof. Hinter dem Wohngebäude, das nach etlichen hundert Metern auf der linken Seite des Wegs auftauchte, stand ein neu gebauter Stalltrakt. Außerdem befand sich neben einigen Wirtschaftsgebäuden auch noch eine ganze Reihe von Offenställen in unmittelbarer Umgebung des Wohngebäudes. Auf der anderen Seite des Wegs lagen mehrere kleinere Koppeln. Sie waren, wie wir später erfahren sollten, für Stuten bestimmt, die ihr Fohlen noch bei Fuß führten. In größerer Entfernung sahen wir schöne große Weiden, auf denen die Ein- und Zweijährigen untergebracht waren.

Frau Gebert, eine mittelgroße schlanke Frau von Mitte fünfzig mit flotter Kurzhaarfrisur, erwartete uns schon und begrüßte uns freundlich. Man sah ihr an, dass sie die Chefin nicht nur mimte, sondern bei der täglichen Arbeit auf dem Hof auch mit anpackte und ihre Mitarbeiter tatkräftig unterstützte. Außerdem spürten wir in ihrem freundlichen aber durchaus resoluten Auftreten, dass sie sich bei der einen oder anderen Gelegenheit schon mal gegenüber einem etwas zu forsch auftretenden Kunden hatte durchsetzen müssen.

Nach der Begrüßung führte sie uns auf dem Josephihof herum.

Der an das Wohngebäude angrenzende Stalltrakt war ausschließlich trächtigen Stuten und Stuten mit neugeborenen Fohlen vorbehalten. Er beherbergte besonders große Boxen, so dass Mutter und Kind nicht nur für die Geburt, sondern auch für die ersten Wochen des Zusammenlebens ausreichend Platz hatten. An jede dieser Boxen schloss sich ein Paddock an. Außerdem waren alle Boxen videoüberwacht, so dass Frau Gebert auch nachts mitbekam, wenn bei einer der Stuten die Wehen einsetzten.

Zum Zeitpunkt unseres Besuches stand dieser Stall leer. Die im Frühling geborenen Fohlen waren mit ihren Müttern bereits in die umliegenden Offenställe umgezogen. Hier also sollten Macy und Molly die ersten Wochen untergebracht werden. Die für die beiden vorgesehene Box lag unmittelbar gegenüber dem Wohnhaus. Im Hinblick auf die aufregenden Umstände von Mollys Geburt wollte Frau Gebert Macy und Molly zumindest eine Zeit lang besonders im Auge behalten. Vor allem aber wollte sie sicher gehen, dass die Prägephase trotz der Unruhe im Reitstall ausreichend intensiv gewesen war und Macy sich auch wirklich genügend um Molly kümmerte.

Ich vernahm mit einiger Erleichterung, dass Frau Gebert für die Unterbringung von Macy und Molly schon recht konkrete Überlegungen angestellt hatte. Das ließ mich hoffen, dass sie Macy und Molly bei sich aufnehmen würde, auch wenn sie uns das bislang immer noch nicht zugesagt hatte.

Der Paddock der Box, in die Macy und Molly einziehen sollten, lag in unmittelbarer Nachbarschaft eines Offenstalls, in dem die beiden im Juli geborenen Nachzügler, von denen Frau Gebert schon am Telefon berichtet hatte, mit ihren Müttern untergebracht waren. So konnten sich die sechs schon mal aus der Ferne kennenlernen. Diesen Hintergedanken begriffen wir Greenhorns aber erst sehr viel später.

Frau Geberts Hoffnung war es, unsere beiden Lieblinge in diese kleine Herde integrieren zu können, damit Molly möglichst rasch Spielkameraden bekam und das Zusammenleben in einer Herde lernen konnte. Nach der Trennung von ihren Müttern, dem sogenannten Absetzen, sollten die drei Fohlen dann in die Fohlenherde integriert werden.

Jeder Offenstall verfügte über einen überdachten und mit Stroh ausgelegten Bereich, in den sich die Pferde bei Wind und Wetter zurückziehen konnten, sowie einen großen Sandplatz, auf dem sich die Pferde aufhalten konnten, wenn der Boden der angeschlossenen Weide doch einmal zu matschig sein sollte. Alles machte einen sehr guten und sehr professionell geführten Eindruck.

Auf dem Josephihof herrschten zum Wohle der Pferde strenge Regeln, und natürlich versäumte Frau Gebert es nicht, uns mit diesen bekannt zu machen. Wie sich herausstellte, waren aber nur drei der Regeln wirklich Josephihof-spezifisch:

Erstens mussten wir uns immer, wenn wir Macy und Molly besuchen wollten, telefonisch oder per SMS anmelden. Frau Gebert wollte damit zum einen zu starken Besucherandrang und die damit verbundene Unruhe auf dem Hof verhindern. Zum anderen wollte sie den Überblick darüber behalten, wer sich gerade auf dem Hof aufhielt. Beides waren nachvollziehbare Gründe, wie wir fanden. Keiner unserer „Besuchsanträge" sollte jemals abgelehnt werden.

Zweitens war es streng verboten, den Josephihof in Kleidung, insbesondere Reitbekleidung, zu betreten, die man zuvor im heimischen Stall angehabt hatte. Diese Maßnahme diente dazu, die Einschleppung von Krankheitserregern zu verhindern, welche die Trächtigkeit der Stuten gefährden und schlimmstenfalls sogar den Tod eines noch ungeborenen Fohlens nach sich ziehen konnten. Auch diese Regel leuchtete uns ein.

Und drittens durfte man die Pferde nicht umherscheuchen, um sie in Bewegung zu sehen. Wie uns Frau Gebert erklärte, können es manche Fohlenbesitzer gar nicht erwarten, ihre Lieblinge im Trab oder Galopp zu sehen, um ihr Potential für die spätere Verwendung als Sportpferd einschätzen zu können. Frau Gebert hatte jedoch die Erfahrung gemacht, dass man mit dieser Unart den Fohlen eine ordentliche Portion Menschenscheu anerzieht, die den späteren Umgang mit ihnen sehr erschwert. In Bewegung könne man die Pferde noch oft genug sehen, so ihr Credo, ein vertrauensvoller Umgang mit dem Menschen sei aber nach einer einmal gemachten schlechten Erfahrung nur schwer wieder aufzubauen. Auch mit dieser Einstellung rannte Frau Gebert bei uns offene Türen ein. In der Tat sollten wir über die folgenden Jahre mehrfach erleben, dass auf dem Josephihof aufgezogene Pferde über ein ausgeglicheneres Naturell verfügen und umgänglicher sind als Pferde aus anderen Aufzuchtställen.

Als Frau Gebert sah, dass wir ihre Regeln nicht nur akzeptierten, sondern sie sogar befürworteten, erklärte sie sich bereit, Macy und Molly bei sich aufzunehmen. Wir sollten die beiden am nächsten Abend bringen und waren mehr als froh, dass unsere beiden Lieblinge in so fürsorgliche Hände kommen würden.

## Macys Vorgeschichte

Dem Bürgerlichen Gesetzbuch nach werden Tiere in der überwiegenden Mehrzahl der Fälle immer noch wie Sachen behandelt. Nur wenn es um die Erstattung von Kosten für die Behandlung von fremdverschuldeten Verletzungen geht, genießen Tiere eine gewisse Vorzugsstellung. In diesem Ausnahmefall dürfen die vom Verursacher der Verletzung für die Behandlung des Tiers zu erstattenden Kosten den Wert der „Sache" Tier übersteigen.

Da ein Fohlen nun beim besten Willen keine Verletzung im Sinne des Bürgerlichen Gesetzbuchs darstellt, war Mollys Geburt juristisch gesehen voll und ganz nach dem althergekommenen Sachenrecht zu beurteilen.

Martina hatte Macy als Reitpferd gekauft, nicht als Zuchtstute. Der mit Herrn Fichtner geschlossene Kaufvertrag war also an eine ganz bestimmte Nutzbarkeit der „Sache" Macy gebunden. Da diese Nutzbarkeit nach Mollys Geburt nun aber auf absehbare Zeit zumindest stark eingeschränkt war, hätten wir rein juristisch die Möglichkeit gehabt, Macy und ihre Tochter an Herrn Fichtner zurückzugeben. Dieser hätte uns nicht nur den Kaufpreis, sondern auch die im Zusammenhang mit den Nachsorgeuntersuchungen angefallenen Tierarztkosten erstatten müssen.

Es versteht sich von selbst, dass wir diese Lösung auch nicht für den Bruchteil einer Sekunde in Betracht gezogen haben. Nicht immer ist eine juristische Lösung auch die beste. Zwar hatten wir mit Macy nie züchten wollen. Aber Martina und ich sind der unverrückbaren Überzeugung, dass man sich dann, wenn man vom Schicksal ein so entzückendes kleines Wesen wie Molly anvertraut bekommt, der damit verbundenen Verantwortung auch zu stellen hat.

Die meisten der Pferdebesitzer auf dem Waldnerhof freuten sich aufrichtig mit uns und gratulierten uns zu dem prächtigen Fohlen. Die meisten, aber eben nicht alle. Es gab auch Neider. Nicht nur einmal hörten wir: „Zwei Pferde zum Preis von einem – kein schlechtes Geschäft!" Die meisten meinten es witzig, aber ein paar glaubten das offenbar tatsächlich. Wenn sich auch nur einer dieser Experten einmal die Mühe gemacht hätte, grob zu überschlagen, welche Kosten für die Unterbringung zunächst in einem Aufzuchtstall, später in einem Ausbildungsstall, für das Anreiten und die weitere Ausbildung anfallen, wenn man nicht selbst über die entsprechende Infrastruktur und reiterliche Erfahrung verfügt, wären ihm seine missgünstigen Worte sicher im Hals stecken geblieben.

Andere wiederum konnten nicht verstehen, dass wir Herrn Fichtner nicht verklagten. Unser Argument, dass wir zu der Überzeugung gekommen seien, dass Herr Fichtner von Macys Trächtigkeit nichts gewusst habe, wurde mit dem lapidaren Vorurteil vom Tisch gefegt, Pferdehändler seien doch ohnehin alle Betrüger. Das könne es doch gar nicht geben, dass er nichts gewusst habe.

Klar! Es muss ja immer jemand schuld sein, wenn etwas Unvorhergesehenes passiert. Irgendjemanden muss man doch zur Verantwortung ziehen können, und wenn es nur eine Versicherung ist. Also musste sich doch auch in unserem Fall jemand finden lassen, den man für den Ausfall von Macy als Reitpferd und all die Kosten haftbar machen konnte. Es passte für diese Leute einfach nicht in ihr Weltbild, dass es auch mal Situationen geben kann, mit denen keiner gerechnet hat, keiner rechnen konnte, und in denen man selbst zur Kasse gebeten wird, weil eben kein Dritter verantwortlich gemacht werden kann und auch keine Versicherung einspringt.

Wir konnten uns den Mund fusselig reden. Rationale Argumente drangen nicht durch. Ich musste eine Antwort finden, die verstanden wurde und trotzdem korrekt war.

Ich vermutete schon länger, dass wir selbst dann, wenn wir Herrn Fichtner verklagt hätten, mit höheren Anwaltskosten konfrontiert gewesen wären, als uns der Schadensersatz eingebracht hätte. Also recherchierte ich im Internet und fand meinen Verdacht voll und ganz bestätigt:

Die Nutzung einer Stute als Reitpferd wird von den Gerichten als Luxus eingestuft, für dessen Entfall es keinen Schadenersatz gibt.

Die Kosten für die Unterbringung von Stute und Fohlen in einem Aufzuchtstall können ebenfalls nicht eingeklagt werden, da für die Stute ohnehin Unterbringungskosten angefallen wären und durch die gemeinsame Unterbringung von Stute und Fohlen üblicherweise keine höheren Kosten entstehen. Denn das Fohlen braucht ja kein eigenes Futter, da es von der Mutter gesäugt wird. Und selbst wenn die gemeinsame Unterbringung von Stute und Fohlen teurer wäre, läuft man Gefahr, sich vorwerfen lassen zu müssen, der sogenannten Schadensminderungspflicht nicht Genüge getan zu haben, und kann den Schaden deshalb nicht oder zumindest nicht in voller Höhe geltend machen.

Lediglich die für die tierärztlichen Untersuchungen angefallenen Kosten hätten wir einklagen können. Nachdem wir von Macys Trächtigkeit aber nichts gewusst hatten, war bislang nur die Geburtsnachsorge zu zahlen gewesen. In den nächsten Monaten würden zwar noch ein paar Impfungen hinzukommen, aber das war es dann auch schon. Man kann nämlich nur für die ersten sechs Monate Kosten geltend machen, denn in diesem Alter kann das Fohlen von der Mutter getrennt und verkauft werden. Alles in allem hätten sich die einklagbaren Arztkosten also allenfalls auf ein paar hundert Euro belaufen.

Ach ja! Und selbstverständlich muss man sich den Verkaufserlös, den man für das Fohlen erzielt hat bzw. hätte erzielen können, auf die angefallenen Tierarztkosten anrechnen lassen.

Juristisch gesehen, hatten wir durch Mollys Geburt also sogar einen Gewinn erzielt. Herrn Fichtner zu verklagen, hätte also überhaupt nichts gebracht.

Diese Erklärung leuchtete schließlich sogar den größten Skeptikern ein, auch wenn sie sich einen letzten Seitenhieb nicht verkneifen konnten. „Recht und

Gerechtigkeit haben halt doch nichts miteinander zu tun", meinten sie.

Natürlich wollten wir wissen, wer Mollys Vater war. Und es war auch klar, dass der Weg zu dieser Information nur über Herrn Fichtner führen konnte. Wir mussten ihn aber gar nicht um Hilfe bitten. Als wir gerade auf dem Heimweg vom Josephihof waren, klingelte Martinas Handy.

„Frau Graf, ich habe da so einen Verdacht, welcher Hengst der Vater sein könnte. Ich kläre das ab. Geben Sie mir ein paar Tage Zeit. Ich kümmere mich um alles." Es war mit Händen zu greifen, wie unangenehm Herrn Fichtner die Situation war.

Letztlich sollte sich Herrn Fichtners Verdacht bestätigen. Macy war schon einmal bei ihm gewesen. Damals hatte er sie einem Mann verkauft, der für seine Nichte ein Reitpferd gesucht hatte.

Völlig überraschend hatte dieser Mann zehn Monate vor Mollys Geburt bei Herrn Fichtner angerufen und gefragt, ob er die Stute wieder zurücknehme. Seine Nichte sei in der Schule so schlecht geworden, dass die Eltern ihr das Reiten verboten hätten. Nachdem Herr Fichtner nur die besten Erinnerungen an Macy hatte, stimmte er zu.

Einige Tage später war er also zu dem fraglichen Reitstall gefahren, um Macy abzuholen. Als er sie schon auf den Anhänger verladen hatte, war der Mann noch einmal zu ihm gekommen und hatte gesagt: „Den Hengst da hinten können Sie auch gleich mitnehmen."

„Moment mal!", hatte Herr Fichtner erwidert. „Ein Hengst und eine Stute zusammen auf einem Hänger, das geht nicht! Das ist zu gefährlich!"

„Das ist überhaupt kein Problem", hatte der Mann nicht locker gelassen. „Der Hengst ist so brav, den könnten Sie mit der Stute sogar auf die gleiche Koppel stellen, und es würde nichts passieren."

Herr Fichtner hatte sich bei dieser Bemerkung nichts gedacht. Einen Hengst und eine Stute gemeinsam auf eine Koppel zu stellen, war ein derart absurder Gedanke. Das konnte nur im übertragenen Sinne gemeint gewesen sein.

Kurz und gut. Nach einem weiteren Wortwechsel hatte sich Herr Fichtner breit schlagen lassen und auch den Hengst mitgenommen. Wie sich herausstellen sollte, war dieser Hengst, der auf den passenden Namen Casanova hört, tatsächlich der Vater unserer Kleinen. Offensichtlich war das „der ist so brav, den könnten Sie mit der Stute auf die gleiche Koppel stellen" von mindestens einem Mitglied der Vorbesitzerfamilie mindestens einmal zu oft für bare Münze genommen worden.

Man mag darüber denken, was man will, aber eine gewisse Naivität, um es einmal vorsichtig auszudrücken, gehört schon dazu, wenn man einem Hengst und einer Stute die Gelegenheit für ein Tête-à-tête verschafft.

Bezüglich der Motive, die die Vorbesitzer zu Macys Rückgabe veranlasst haben könnten, verbiete ich mir jedwede Spekulation. Zwei Fakten finde ich aber doch bemerkenswert: Berücksichtigt man, dass die Trächtigkeit von Pferden etwa elf Monate dauert, so dürfte Molly Ende Oktober/Anfang November gezeugt worden sein, also rund einen Monat, bevor Macy und Casanova zu Herrn Fichtner gekommen waren. Zudem versicherten uns mehrere Tierärzte unabhängig voneinander, dass man etwa einen Monat nach der Befruchtung relativ zuverlässig feststellen kann, ob eine Stute trächtig ist.

Casanova hatte relativ schnell eine neue Besitzerin gefunden. Als Herr Fichtner sie anrief und ihr erzählte, dass ihr Hengst voraussichtlich Vater geworden sei, war sie verständlicherweise zunächst nicht sicher, welche Konsequenzen das für sie haben würde. Vielleicht sogar die Zahlung von Alimenten? Herr Fichtner konnte sie aber schnell beruhigen. Er versicherte ihr, dass wir nichts dergleichen im Schilde führten und ausschließlich am Nachweis der Abstammung unserer Kleinen interessiert seien, den wir benötigten, um ordentliche Papiere für sie zu bekommen. Schließlich willigte sie ein, von Casanova eine Haarprobe für einen Vaterschaftstest nehmen zu lassen. Außerdem erklärte sie sich damit einverstanden, dass Herr Fichtner uns eine Kopie von Casanovas Pferdepass schickte, die wir zum Nachweis von Mollys weiterer Abstammung benötigten.

Herr Fichtner hatte Wort gehalten. Noch bevor wir ihn um die Telefonnummer von Casanovas neuer

Besitzerin hatten bitten können, hatte er für uns schon alle wichtigen Punkte geklärt.

Die erste Hürde war also genommen. Jetzt benötigten wir „nur noch" das Wohlwollen des Zuchtverbands.

Auch wenn Casanova kein gekörter Hengst ist, d.h. von keinem Zuchtverband offiziell zur Zucht zugelassen wurde, hat Macy mit ihm eine hervorragende Wahl getroffen – sofern man bei einem einzigen für ein Techtelmechtel zur Verfügung stehenden Hengst überhaupt von einer Wahl sprechen kann. Casanova sieht wirklich gut aus und verfügt über eine tadellose Abstammung.

Zwischen Casanovas Besitzerin Amy und uns hat sich mittlerweile ein sehr netter Kontakt ergeben. Wir haben uns und unsere Pferde auch schon mehrfach gegenseitig besucht. Amy ist hin und weg, was ihr Hengst da zustande gebracht hat. Auch sie kann sich nicht erklären, wie es zum Deckakt kommen konnte. Sie erzählte uns, Casanova gebe ihr immer das Gefühl, dass er eigentlich gar nicht wisse, was eine Stute ist. Martina konnte sie diesbezüglich beruhigen. Wenn Macy rossig ist, macht sie selbst Wallache in einer so provozierenden Art und Weise an, dass Casanova ihr wahrscheinlich gerne zu Diensten war, um anschließend wieder seine Ruhe zu haben.

## Hätten wir es merken müssen?

Als wir am Ende dieses für uns mehr als aufregenden Tages beim Abendessen saßen, kam Martina und mir all das, was an diesem Sonntag auf uns eingestürzt war, surreal und unwirklich vor. Wir fühlten uns, als seien wir gerade aus dem Kino gekommen.

Neben dem Glück, das wir ob des für uns noch immer unbegreiflichen Wunders empfanden, das an diesem Morgen in Mollys Gestalt in unser Leben getreten war, überfiel uns nachträglich auch noch die Angst, was bei der unbeaufsichtigten Geburt nicht alles hätte passieren können. Wäre Molly im Mutterleib falsch gelegen, hätte das für beide einen qualvollen Tod bedeuten können. Hätte die Eihülle Mollys Atemwege blockiert, und hätte Macy die Eihülle nicht weggeleckt, so wäre Molly in ihren ersten Lebensminuten erstickt, ohne dass jemand hätte eingreifen können. Macy hätte Molly aber auch nicht annehmen und nach ihr ausschlagen können. Dann hätten wir schlimmstenfalls ein seit Stunden mit starken Schmerzen in der Box liegendes Fohlen vorgefunden, dem der Tierarzt nur noch die erlösende Spritze hätte geben können. Und, und, und ...

Wie hätten wir es ertragen sollen, wenn Macy oder Molly oder gar beiden bei der Geburt etwas zugestoßen wäre, das durch die Anwesenheit eines Tierarztes hätte verhindert werden können?

Zudem fragten wir uns immer wieder, ob uns nicht hätte auffallen müssen, dass Macy trächtig ist.

Schon am Morgen bei der Geburtsnachsorge hatten wir der Tierärztin die Frage gestellt, ob ihr Kollege, der die Ankaufsuntersuchung durchgeführt hatte, bei dieser Gelegenheit die Trächtigkeit nicht hätte bemerken müssen.

„Nein", hatte sie uns zur Antwort gegeben „Das war für ihn praktisch unmöglich. Fohlen verhalten sich im Mutterleib mucksmäuschenstill und bewegen sich so gut wie nicht. Außerdem gehört ein Trächtigkeitstest nicht zum Standardprogramm von Ankaufsuntersuchungen. Der wird nur bei begründetem Verdacht durchgeführt. Und es hat ja keiner geahnt, dass Macy trächtig sein könnte."

Stimmt! Wie hätte man auch auf den aberwitzigen Gedanken kommen können, dass Macy die Gelegenheit zu einem Schäferstündchen mit einem Hengst gegeben worden war?

Sicher war Macy bei der Ankaufsuntersuchung schon im achten Monat gewesen. Aber wer das Bild einer trächtigen Stute mit weiten Rundungen auf beiden Seiten des Bauches vor Augen hat, wäre verblüfft, wie schlank Macy noch kurz vor Mollys Geburt war. Auch diesbezüglich konnten wir dem Tierarzt, der die Ankaufsuntersuchung durchgeführt hatte, keinen Vorwurf machen. Wenn wir uns Fotos ansehen, die Macy kurz vor der Niederkunft zeigen, und diese mit ihrer heutigen Figur vergleichen, dann sehen wir zwar durchaus einen leichten Unterschied in der Bauchlinie. Aber wenn wir die gleichen Bilder mit jenen von Molly im Alter von vier Jahren vergleichen, die damals wohlgemerkt auch nicht dick war, dann hat man ihre Figur genauso gut auch darauf zurückführen können, dass Macy sich endlich auf dem Waldnerhof mit seinem guten Futter eingelebt hatte.

Martina war durchaus aufgefallen, dass bei Macy keine Rosse zu bemerken war. Dass sie keine Anzeichen von Paarungsbereitschaft zeigte, war Martina schon merkwürdig vorgekommen. Und da Macy ihre erste Stute war, hatte sie sicherheitshalber bei einer anderen Pferdebesitzerin nachgefragt, die sehr viel Erfahrung mit Stuten hat.

„Das kann bei einem Stallwechsel schon mal vorkommen", hatte diese gemeint. „Und außerdem merkt man die Rosse nicht bei jeder Stute gleich stark."

Nur einmal war das Wort „trächtig" gefallen, aber auch da war es nicht wirklich ernst gemeint gewesen. Ein Trainer, bei dem Martina mit Macy gelegentlich Unterricht nahm, kommentierte Macys Figur vier Tage vor der Geburt spöttisch mit den Worten: „Sag mal, ist die trächtig?" „Nee, nee, Hubert, das ist das gute Futter", hatte Martina entgegnet, der der frotzelnde Unterton nicht verborgen geblieben war. Eine Woche später fiel auch Hubert aus allen Wolken, als Martina ihm von Mollys Geburt berichtete.

So wurde Macy nicht nur bis zum letzten Tag der Trächtigkeit geritten, sondern musste zudem auch auf eine besondere Ernährung, tierärztliche Begleitung und schließlich sogar auf Geburtshilfe verzichten. Die

Souveränität, mit der Macy all dies ganz alleine gemeistert hat, ist unvergleichlich. Sie nötigt uns noch heute den allerhöchsten Respekt ab.

## Der Umzug zum Josephihof

Am späten Montagnachmittag stand der Umzug zum Josephihof an.

Das Problem, wie wir Macy und Molly transportieren sollten, löste sich von ganz allein. Eine Bekannte bot uns freundlicherweise ihren Pferdeanhänger an, als sie von unserem Problem hörte. Sie besaß einen überbreiten Hänger. Dieser Hängertyp ist zwar eigentlich nur für den Transport eines einzigen Pferdes ausgelegt, wird aber oft auch für den Transport von Stuten mit Fohlen verwendet. Nur zu gerne nahmen wir ihr Angebot an.

Auch Frau Gebert befand diese Lösung für gut, als wir ihr von unserem Vorhaben erzählten. Von ihr stammte auch der Rat, den Boden des Hängers nicht wie sonst üblich mit Sägespänen auszulegen, sondern mit sehr viel Stroh. Insbesondere an den Wänden des Hängers sollten wir Molly ein dickes Strohpolster für die Fahrt anhäufen. „Im Unterschied zu erwachsenen Pferden legen sich Fohlen nämlich hin, sobald sich der Hänger in Bewegung setzt", erklärte sie uns.

Hierin bestand ein weiteres Risiko, mit dem wir uns auseinandersetzen mussten. Wenn Molly lag, konnte sie ihrer Mutter nicht ausweichen, falls diese in einer Kurve einen Schritt seitwärts machte, um das Gleichgewicht zu halten.

Als Fahrer lag diesbezüglich der größte Teil der Verantwortung bei mir. Wirklich wohl war mir bei dem Gedanken nicht. Daher hatte ich mich am Sonntagabend hingesetzt und die Route für die Fahrt zum Josephihof bis ins kleinste Detail ausbaldowert. Besonderen Wert hatte ich darauf gelegt, nicht nach links auf eine querende Straße abbiegen zu müssen. Da ich nur ganz vorsichtig beschleunigen durfte, wären wir für andere Verkehrsteilnehmer womöglich zum Hindernis geworden. Es wäre ein Alptraum gewesen, wenn ein anderes Fahrzeug auf den mit Macy und Molly beladenen Hänger aufgefahren wäre.

Weitere Kriterien für die Route, die ich schließlich wählte, waren die Kurvigkeit der Strecke und wie oft ich abbiegen musste. Lange tüftelte ich hin und her, bis ich schließlich zufrieden war und glaubte, die optimale Route gefunden zu haben.

Dann ging es los. Auf Anraten von Anni hatte ich den Hänger rückwärts an das große Tor am Ende der Stallgasse heran rangiert. Die herabgelassene Heckklappe ragte ein gutes Stück in die Stallgasse hinein. Beide Stalltüren lehnten wir seitlich an den Hänger an. Hierdurch bildeten sie eine Art Trichter, der Macy und Molly unweigerlich in den Hänger führen würde.

Macys Box lag am anderen Ende des Stalltrakts, und so mussten wir an allen Pferden vorbei, um zum Hänger zu gelangen. Ich führte Macy, während sich Anni und Martina um Molly kümmerten.

Macy zum Hänger zu bringen, war gar nicht so leicht. Sie war sehr aufgeregt. Ich bin mir nicht sicher, ob es daran lag, dass sie den Waldnerhof nicht wieder verlassen wollte, oder ob sie eher durch die allgemeine Aufregung angesteckt worden war, die im Stall ob des bevorstehenden Transports von Mutter und Tochter herrschte. Obwohl sie nie den Versuch unternahm, sich loszureißen, war sie kaum zu bändigen. Immer wieder drängte sie zu einer der Boxen hin, um sich von dem jeweiligen Bewohner mit lautem Wiehern zu verabschieden.

Molly wurde rechts von Anni und links von Martina eskortiert. Beide hatten jeweils eine Hand an Mollys Hinterhand, um sie sanft in Richtung Hänger zu schieben, und die andere am Hals, um sie in die richtige Richtung lenken zu können. Langsam bewegte sich das Trio hinter uns in Richtung Hänger.

Trotz ihrer Aufregung stieg Macy anstandslos in den Hänger ein. Sie festbinden, Molly einsteigen lassen und die hintere Sicherungsstange einhängen, alles geschah praktisch zeitgleich. Martina, Anni und ich arbeiteten perfekt zusammen. Schnell schlossen wir die Heckklappe und machten uns auf den Weg.

Ich kann mich nicht erinnern, jemals in meinem Leben so vorsichtig gefahren zu sein. Ich weiß nicht, ob man beim Anfahren und Erhöhen der Geschwindigkeit überhaupt von Beschleunigung sprechen konnte, so sanft streichelte ich das Gaspedal. Außerdem versuchte ich, jegliches Bremsen zu vermeiden, sondern das Gespann seine Geschwindigkeit durch Ausrollen verringern zu lassen. Durch vorausschauendes Fahren versuchte ich, möglichst selten anzuhalten. Wenn unsere Fracht aus rohen Eiern bestanden hätte, ich bin sicher, kein einziges hätte Schaden genommen. Aber wir hatten auch sehr viel Glück. Nicht ein einziges Mal wurde ich durch einen anderen Verkehrsteilnehmer gezwungen, abrupt zu bremsen. Nicht ein einziges Mal wurde ich angehupt. Als ob alle gewusst oder zumindest doch geahnt hätten, welche wertvolle Fracht wir an Bord hatten.

Als wir am Josephihof ankamen, wurden wir von Frau Gebert schon erwartet. Mit einem etwas mulmigen Gefühl, ob Macy und Molly die Fahrt auch gut überstanden hätten, öffneten wir die Heckklappe des Hängers.

Macy stand noch exakt an der gleichen Stelle. Man hätte den Eindruck haben können, sie habe ihre vier Hufe nach dem Einsteigen in den Boden geschraubt und seitdem nicht einen Millimeter bewegt. Und Molly lag seitlich zu ihren Füßen, als ob Hängerfahren für ein noch nicht einmal zwei Tage altes Fohlen das Normalste der Welt sei.

Macy begrüßte uns mit lautem Wiehern.

Molly schaute uns mit klarem, wachem Blick neugierig an. Ihre Körperhaltung war völlig entspannt, aber sie stand nicht auf. Bevor wir jedoch richtig beginnen konnten, uns deswegen Sorgen zu machen, rappelte sich Molly hoch. Jetzt war endgültig klar, dass sie den Transport gut überstanden hatte. Wir atmeten tief durch.

Frau Gebert stieg durch die vordere Türe in den Hänger und drängte Molly sanft in unsere Richtung,

60

während Martina und ich darauf achteten, dass sie nicht seitlich von der Rampe stürzte. Da sich Fohlen in Mollys Alter nie weit von der Mutterstute entfernen, bestand keine Gefahr, dass die Kleine weglaufen würde.

Nun konnte auch Macy entladen werden. Martina und ich mussten lediglich darauf achten, dass Molly ihr dabei nicht versehentlich in die Quere kam. Macy ließ sich von Frau Gebert völlig ruhig aus dem Hänger führen. Dann sah sie sich erst einmal um und verkündete den anderen Pferden auf dem Josephihof mit einem lauten und lang anhaltenden Wiehern die frohe Botschaft ihrer Ankunft. Etliche antworteten ihr.

Als das Begrüßungszeremoniell beendet war, führte Frau Gebert Macy in ihr neues Zuhause. Martina und ich waren für Molly zuständig und hatten darauf zu achten, dass sie mit Macy Schritt hielt.

In der Box angekommen, suchte Macy nach einer kurzen Inspektionsrunde die Krippe auf und stellte erfreut fest, dass dort bereits ein Imbiss auf sie wartete. Während sie in aller Ruhe fraß, nutzte auch Molly die Gelegenheit, um sich an Macys Euter zu stärken.

Frau Gebert war sehr beruhigt, mit welcher Selbstverständlichkeit die beiden ihr neues Zuhause annahmen. Gleichwohl bat sie uns, Macy und Molly einige Zeit nicht zu besuchen, damit sie die Aufregung der vergangenen beiden Tage verarbeiten konnten.

Uns war klar, dass Frau Gebert Recht hatte. Und so stimmten wir schweren Herzens zu.

Obwohl wir für unsere beiden Mädels eine wirklich optimale Unterbringung gefunden hatten, wollte bei mir auf der Rückfahrt keine wirklich gute Stimmung aufkommen. Es stimmte sicher, dass die beiden ein paar Tage vollkommener Ruhe brauchten, trotzdem wurde ich das Gefühl nicht los, sie quasi an der „Garderobe" abgegeben zu haben. Ich konnte mir noch so oft sagen, dass wir nur zum Wohle von Macy und Molly gehandelt hatten, beharrlich kehrten die Zweifel zurück. Die Verantwortung für Molly einfach so dem Aufzuchtstall zu überlassen, war das richtig? Natürlich war es das! Frau Gebert war schließlich Profi. Sie wusste genau, was zu tun war. Und letztendlich ging es ja darum, für Macy und Molly das Richtige zu tun, und nicht darum, ob ich traurig war, die beiden nicht besuchen zu dürfen, auch wenn es nur für kurze Zeit war. Wahrscheinlich brauchte die Anspannung der vergangenen beiden Tage mit all ihren Eindrücken, Problemen und Emotionen einfach noch etwas Zeit, um sich zu lösen.

Es sollte nicht allzu lange dauern, bis ich die Welt wieder mit anderen Augen sah. Die Rückfahrt zum Waldnerhof und die anschließend zu verrichtenden Arbeiten halfen mir, Abstand zu gewinnen. Nachdem wir den ausgeliehenen Hänger wieder auf Vordermann gebracht und zurückgegeben hatten und auch nochmals nach Salt und Corleone gesehen hatten, hatte ich mich wieder gefangen.

Am nächsten Tag rief Martina beim Josephihof an. Macy und Molly hätten sich gut eingewöhnt, erzählte

Frau Gebert. Macy nehme ihre Mutterrolle sehr ernst und umsorge die Kleine liebevoll. Auch Molly gehe es prima. Die Stunden zwischen der Geburt und der ersten Störung durch die morgendliche Fütterung hätten ganz offensichtlich für die Mutter-Kind-Prägung ausgereicht. Wir müssten uns keine Sorgen machen, es sei alles in bester Ordnung.

Diese Nachricht war für Martina und mich eine große Beruhigung.


Nach drei Tagen hielten wir es dann aber doch nicht mehr aus und statteten Macy und Molly den ersten Besuch ab. Die Tür zum Paddock stand offen, und unsere beiden Lieblinge genossen in ihrem Vorgarten die warme Herbstsonne.

Molly war ein aufgewecktes Fohlen. Immer wieder setzte sie auf ihren langen Beinen zu Bocksprüngen oder einem kurzen Sprint an. Wenn der Paddock zu klein wurde, endete der Sprint auch schon mal in der Box, aber nur, um diese kurz darauf in einem weiteren Sprint wieder in Richtung Paddock zu verlassen. Immer wieder suchte die Kleine Macys Nähe, die das Treiben gelassen verfolgte. In diesen Momenten spürte man das innige Band, das zwischen Mutter und Tochter entstanden war. Ganz sanft berührten sie einander. Aber wenn die Kleine die „Tankstelle" aufsuchte, konnte sie ihrem Wunsch nach Nahrung durch heftige Nasenstüber gegen das Euter sehr bestimmt Ausdruck verleihen. Macy schien das aber nicht im Geringsten zu stören.

Molly hatte in den wenigen Tagen schon viel an Kondition gewonnen, im Vergleich zu ihrem ersten Lebenstag hielt sie deutlich länger durch, bevor sie sich in der Box zu einem Nickerchen niederließ.

Bis auf einige wenige Streicheleinheiten beschränkten wir uns an diesem Tag darauf, das Zusammenleben der beiden zu beobachten. Recht viel mehr wäre auch gar nicht drin gewesen, denn Macy nahm zwar die mitgebrachten Leckereien gerne an, hatte aber ansonsten keine „Sprechstunde" für uns. Sie war ganz Mutter. Kein einziges Mal nahm sie von sich aus Kontakt zu uns auf.

War sie mit uns vielleicht doch böse, weil wir sie auf dem Josephihof zurückgelassen hatten? Aber selbst wenn. Mittlerweile hatte ich mit der Situation meinen Frieden geschlossen. Und Macy würde sich auch wieder beruhigen. Vielleicht war sie uns gegenüber aber auch nur deshalb etwas zickig, weil sich bei ihr eine Rosse anbahnte.

In der freien Natur werden Mutterstuten innerhalb weniger Tage nach der Geburt eines Fohlens wieder rossig. Während dieser sogenannten Fohlenrosse werden sie vom Hengst gedeckt, um der Herde auch im nächsten Jahr wieder Nachwuchs zu schenken. Auch Macys Körper gehorchte diesem Naturgesetz.

Wie schon am Tag der Geburt, überfiel mich bei der Beobachtung von Mutter und Tochter auch jetzt wieder eine totale Faszination. Martina schien es ähnlich zu gehen. Wir sprachen nur sehr wenig miteinander, als hätten wir Angst, die traute Zweisamkeit der beiden durch den Klang unserer Worte zu stören.

Bei unserem nächsten Besuch, Molly war mittlerweile eine Woche alt, war das Wetter regnerisch und die Tür zum Paddock verschlossen. Frau Gebert war sich nicht sicher, ob das Immunsystem der Kleinen schon eine Erkältung überstehen würde. Sie ging lieber kein Risiko ein.

Martina wollte die Gelegenheit nutzen, Macy wieder einmal ordentlich zu putzen. Molly hatte allerdings andere Pläne.

Als wir die Boxentür öffneten, kamen Mutter und Tochter zur Begrüßung zu uns. Zuerst gehörte unsere Aufmerksamkeit natürlich voll und ganz Macy. Wir wollten ihr zeigen, dass sie trotz des Zaubers, der von ihrem Baby ausging, für uns noch immer an Nummer eins stand. Wiederholt versuchte auch Molly, ein paar Streicheleinheiten abzubekommen. Als Macy nicht den geringsten Versuch machte, Molly von uns fernzuhalten, und sie wie schon am Tag der Geburt gewähren ließ, ging ich in die Hocke, um mit Molly auf Augenhöhe zu sein, während sich Martina weiter um Macy kümmerte.

Ich blieb zunächst sehr passiv. Das erste Aufeinandertreffen mit Molly am Tag ihrer Geburt war von dem Wunder ihrer Existenz dominiert worden. Das „dass es sie gab" hatte im Vordergrund gestanden. Alles war neu und aufregend gewesen. An den folgenden Tagen hatten wir uns dann zunehmend an den Gedanken gewöhnt, Besitzer eines Fohlens zu sein. Durch unseren ersten Besuch auf dem Josephihof und das Beobachten von Mollys Verhalten war nun mehr und mehr das „wer sie war" in den Fokus gerückt. Ich war mehr als gespannt, welche Vorstellung Molly von unserem ersten intensiveren Aufeinandertreffen haben würde.

Ich blieb an der Schwelle der Boxentür in der Hocke und wartete ab, was geschehen würde. Molly trat dicht an mich heran und beschnupperte neugierig meine beiden Hände. Ganz tief sog sie den Geruch in sich auf. Zuerst untersuchte sie die Handrücken, um sich nach einer Weile eingehend mit den Handflächen zu befassen. Auch wenn ihre Konzentration oberflächlich betrachtet voll und ganz meinen Händen zu gehören schien, war es ihr doch wichtig, ihre Mutter in ihrer Nähe zu wissen. Fortwährend wanderten ihre Ohren zwischen Macy und mir hin und her.

Als Macy mit den Rüben, die Martina ihr in den Futtertrog gelegt hatte, fertig war, schaute sie bei Molly und mir vorbei. Nach einem Begrüßungsstreichler blieb sie zwar bei uns stehen, kümmerte sich aber nicht weiter um ihre Tochter und mich, sondern unterzog das Stroh zu Mollys Vorderläufen einer eingehenden Untersuchung. Für einige Momente suchte Molly innigen Hautkontakt zu ihrer Mutter. Es war rührend, zu sehen, wie liebevoll sie sich an Macy schmiegte.

Dann wandte sie sich wieder mir zu. Jetzt war mein Anorak dran. Er schien sehr interessant zu riechen. Nachdem meine Hände gerade nicht gebraucht wurden, begann ich, Molly sanft über Hals und Schulter zu streichen. Sie ließ sich davon nicht stören. Im Gegenteil, sie schien es zu genießen.

Als Molly auch den letzten Quadratzentimeter meines Anoraks inspiziert hatte, entdeckte sie meinen Kopf als untersuchenswertes Objekt. Nacheinander beschnupperte sie mein Gesicht, meine Haare und vor allem meine Ohren mit großer Hingabe. Schon von der sanften Berührung des samtweichen Mauls eines erwachsenen Pferdes geht sehr viel Zärtlichkeit aus. Um wie viel zarter war erst dieses Fohlenmäulchen.

Mich begeisterte vor allem die Ernsthaftigkeit, mit der Molly bei der Sache war, wie planvoll sie sich von den Händen über den Anorak zum Kopf vorgearbeitet hatte, wie sorgfältig sie darauf geachtet hatte, kein Fleckchen auszulassen. Wie schon am Tag ihrer Geburt war da wieder diese Selbstverständlichkeit in Mollys Handeln, die einer Mischung aus Neugier und kindlicher Unbekümmertheit zu entspringen schien. Gleichzeitig legte sie aber auch eine beeindruckende Ruhe und Souveränität an den Tag und gab mir präzise zu verstehen, was sie wollte beziehungsweise was sie nicht wollte. Nie wurde sie hektisch oder scheute zurück. Gleichzeitig war sie aber auch bereit, Vorgaben zu akzeptieren, wenn ich andere Vorstellungen hatte, und das, ohne auch nur ansatzweise unterwürfig zu wirken.

Es war mit Händen zu greifen: Sie war gerade mal eine Woche alt, aber da stand eine fertige Persönlichkeit vor uns. Eine Persönlichkeit mit einem Charme, dem ich mich nur schlecht entziehen konnte. Es war vollkommen klar, dass vor allem ich bei der weiteren Erziehung enorm würde aufpassen müssen, wenn ich

67

von Molly nicht permanent um den (nicht vorhandenen) kleinen Finger gewickelt werden wollte.

Jeder, der schon einmal mit Tieren zusammengelebt hat, weiß, dass zumindest bei den höheren Säugetieren jedes Individuum seinen eigenen Charakter und seine eigene Persönlichkeit hat.

In jedem Wurf Hundewelpen gibt es solche, die auf Besucher zustürmen und diese freudig begrüßen, während sich andere vor der vermeintlichen Bedrohung durch den Eindringling im hintersten Eck der Wurfkiste verkriechen. Und wenn man sich einen Welpen aussucht, dann tut man gut daran, auf diese Eigenheiten genauestens zu achten, denn sie verwachsen sich nicht. Sicher kann man einem Rabauken durch Erziehung etwas Einhalt gebieten und einem Hascherl etwas mehr Selbstbewusstsein vermitteln. Aber im Grunde ihres Herzen bleiben sie ihr ganzes Leben lang, was sie von Anfang an waren. Rabauke bleibt Rabauke, Hascherl bleibt Hascherl.

Das gilt auch für Katzen. Aus unserer unmittelbaren Nachbarschaft kenne ich zwei Exemplare, wie sie unterschiedlicher nicht sein könnten. Der leider schon verstorbene Ludwig war ein Kamikaze-Kampf-Kater wie aus dem Bilderbuch. Seine Angriffe aus dem Hinterhalt auf die Waden ahnungsloser Passanten waren in unserem Dorf legendär. Besonders Postboten und Schulkinder mussten vor ihm auf der Hut sein. Sissy hingegen, die wir während des Urlaubs unserer Nachbarn gelegentlich betreuen, ist so menschenscheu, dass wir sie praktisch nie zu Gesicht bekommen. Nur die Tatsache, dass der Inhalt des Futternapfs ab- und jener des Katzenklos zunimmt, lässt auf ihre Anwesenheit schließen.

Auch jedes unserer Pferde hat seinen eigenen, liebenswerten Charakter. Salt ist ein verschmustes Riesenbaby, das in der Hierarchie der Herde ganz unten steht und froh ist, wenn man ihn in Ruhe lässt. Aber wenn ihm etwas nicht schnell genug geht, meist wenn er auf Futter wartet, dann kann er seinem Unmut durchaus Gehör verschaffen. Und er hat ein durchdringendes Organ. Corleone hingegen ist eher ein eigenbrötlerischer Kauz, der sein Ding macht und von anderen dabei nicht gestört werden will. Wenn ihm etwas nicht passt, kann er durchaus ekelhaft werden. Salt ist das egal. Er hält dann einfach etwas mehr Abstand zu Corleone, weil er weiß, dass dieser zudem sehr bequem ist und keinen unnötigen Schritt macht.

Macy hatten wir in den Wochen vor Mollys Geburt als sehr umgängliches und für Zuwendung empfängliches Pferd kennengelernt. Vor allem genoss sie es, geputzt zu werden. Da konnte es schon mal vorkommen, dass ihr die Augen zufielen und sie die Unterlippe hängen ließ. In der Box gab Macy hingegen eher die Diva. Sie hielt immer einen Schritt Abstand, so dass sie sich dem Zugriff durch bloßes Abwenden des Kopfes entziehen konnte. Trat man näher an sie heran, so versuchte sie nach kurzer Zeit, durch einen langsamen Schritt nach hinten den alten Abstand wieder herzustellen. An sich ist das ein pferdetypisches Verhalten einem Ranghöheren gegenüber. Allerdings hatten sich Salt und Corleone sehr schnell daran gewöhnt, dass Menschen anders ticken als Pferde, und die Nähe zugelassen. Vielleicht war Macy nur noch nicht lange genug bei uns, um sich an unsere Gepflogenheiten gewöhnen zu können.

Ich war schon sehr gespannt, ob sich ihre Tochter mit der Zeit in ihre Richtung entwickeln oder ob sie sich ihre Unbefangenheit uns gegenüber bewahren würde.

Mollys Grundvertrauen zu Martina und mir war unbeschreiblich. Teils mochte es der Gelassenheit entspringen, die ihre Mutter bei unseren Begegnungen zur Schau stellte, teils mag es auch damit zu tun gehabt haben, dass sie noch nie schlechte Erfahrungen mit Menschen gemacht hatte. Ob sie unsere Stimmen schon im Mutterleib mit positiven Gefühlen assoziiert hatte, oder ob wir am Morgen ihrer Geburt gar in den Genuss einer gewissen Nachprägung gekommen waren, werden wir nie erfahren. Aber wir mussten dieses Grundvertrauen wie unseren Augapfel hüten. Für Martina und mich stand fest, dass wir das Band, das zwischen Molly und uns schon nach diesen wenigen Tagen entstanden war, über die Zeit auf dem Josephihof nicht abreißen lassen durften. Wir würden sie bei Wind und Wetter in regelmäßigen Abständen besuchen. Sie sollte immer wissen, wer ihre Menschen sind, und immer nur Positives mit uns verbinden.

Martina und ich waren uns in diesen Augenblicken aber auch der großen Verantwortung bewusst, die mit all dem verbunden war. Hier auf dem Josephihof würde Molly sicher keine negativen Erfahrungen mit

Menschen machen. Dafür würde Frau Gebert schon sorgen. Und von uns würde Molly natürlich auch kein Ungemach drohen. Aber für die weitere Ausbildung, insbesondere das Anreiten, würden wir auf die Hilfe Dritter angewiesen sein. Und da mussten wir uns schon ganz genau ansehen, wem wir Molly anvertrauten.

Nachdem Molly auch Martina mit dem gleichen ausführlichen Schnupperzeremoniell begrüßt hatte, machte sich Martina daran, Macy zu striegeln und zu bürsten. Diese blieb ganz ruhig stehen und genoss die Zuwendung. Dabei ließ sie ihre Tochter aber keinen Moment aus den Augen. Molly stapfte in der Box umher und beobachtete die Szene interessiert. Es war das erste Mal, dass sie sah, wie ihre Mutter geputzt wurde. Sie konnte sich offensichtlich keinen rechten Reim auf das machen, was da gerade vor sich ging.

Nachdem ihrer Mutter die Prozedur, die Martina ihr angedeihen ließ, aber zu gefallen schien, wurde Molly neugierig. Sanft aber bestimmt drängte sie sich zwischen Martina und Macy. Zunächst waren wir unsicher, wie das zu interpretieren sei. Da aber alles in völliger Ruhe ablief und weder bei Macy noch bei Molly auch nur der Hauch von Unruhe aufkam, wagte Martina den Versuch und bürstete Molly ganz vorsichtig den Hals. Die Kleine hielt still. Martina arbeitete sich langsam zum Rücken vor. Immer noch hielt Molly still. Offensichtlich hatte sie sehr schnell begriffen, dass Geputztwerden etwas Angenehmes war. Natürlich konnte man nicht wirklich von „Putzen" sprechen. Es war eher ein behutsames Streicheln mit der Bürste. Aber es war ein Anfang, ein erster kleiner Schritt auf dem Weg zum Reitpferd.

## Die Stutbuchaufnahme

Bei unserem zweiten Besuch hatte Frau Gebert gefragt, ob Macy schon ins Stutbuch eingetragen sei. Als wir ihre Frage verneinten, berichtete sie, dass am übernächsten Tag auf dem Josephihof eine Stutbuchaufnahme stattfinde und wir bei dieser Gelegenheit gerne auch Macy vorstellen dürften. Die Eintragung sei für Stuten, mit denen gezüchtet werde, eine Grundvoraussetzung und damit auch unabdingbar, um für Molly ordentliche Papiere zu bekommen. Dass Stuten, anders als Macy, üblicherweise ins Stutbuch aufgenommen würden, bevor sie ihre Fohlen bekämen, sei kein Problem.

Da wir nicht die geringste Ahnung davon hatten, wie man eine Stute bei einer solchen Prüfung richtig vorstellt, bot Frau Gebert an, dass ihre Tochter diesen Part übernehmen könne, wenn wir nur dafür sorgten, dass Macy sauber geputzt und ihre Mähne eingeflochten sei. Selbstverständlich sagten wir zu. Besser hätten wir es nicht erwischen können.

Am Tag der Stutbuchaufnahme waren wir frühzeitig auf dem Josephihof. Zu unserem Erstaunen war die Aufnahmeprüfung bereits in vollem Gange. Da wir noch Zeit hatten, bevor wir Macy fertig machen mussten, verschafften wir uns erst einmal einen Überblick.

Das Ganze war ein größeres Ereignis, als wir es uns vorgestellt hatten. Wir waren davon ausgegangen, dass nur Frau Gebert ihre Jungstuten vorstellen würde, sahen aber nun, dass Züchter aus der ganzen Umgebung angereist waren. Da sich die Angelegenheit somit praktisch über den ganzen Tag hinzog, war mit Schnitzeln, Würstchen vom Grill, Salaten, kalten Getränken sowie Kaffee und Kuchen auch für das leibliche Wohl der Teilnehmer und Zuschauer gesorgt. Insgesamt hatte die Stutbuchaufnahme die Ausmaße eines kleinen Reitturniers.

Natürlich putzten wir nicht nur Macy, sondern auch Molly fein heraus. Zum einen musste sie ihre Mutter als bei Fuß gehendes Fohlen während der Prüfung begleiten, und zum anderen ging es ja vor allem um ihre Papiere.

Der alte Reiterspruch „Auf Papieren kann man nicht reiten" ist sicher richtig. Er besagt aber eigentlich nur, dass man aus der Abstammung eines Pferds nicht auf seine Rittigkeit schließen kann. Dieser Spruch setzt aber stillschweigend voraus, dass das Pferd den Richtlinien des Zuchtverbands entsprechend gezogen worden ist, also einen gekörten Hengst als Vater und eine in das Stutbuch eingetragene Stute als Mutter hat. Bei Molly traf keines von beiden zu. Hätten wir nichts unternommen, so hätte Molly irgendwelche Ersatzpapiere bekommen, die sie zeitlebens als Bankert abgestempelt hätten. Das hatte sie nicht verdient. Daher setzten wir alles daran, um zumindest ihre Mutter in das Stutbuch eingetragen zu bekommen.

Als wir aufgerufen wurden, gingen wir zu den Richtern, während Frau Geberts Tochter sich um Macy kümmerte. Molly lief brav neben ihrer Mutter her, wie es sich für ein Fohlen ihres Alters geziemt. Mir war etwas mulmig zumute, weil ich nicht sicher war, was da jetzt auf uns zukommen würde.

Die gesamte Leitung des Landeszuchtverbandes war anwesend. Als sie Macy und Molly sahen, ging ein Lächeln über ihre Gesichter. Wie sich herausstellte, hatte Frau Gebert sie bereits über unseren Sonderfall aufgeklärt. Gleichwohl ließen sie sich Mollys Geschichte auch von uns nochmals erzählen. Danach schritten sie zur Bewertung.

Macy wurde im Stand, im Schritt und im Trab vorgestellt. Frau Geberts Tochter führte sie hervorragend durch die Prüfung. Und die gerade mal neun Tage alte Molly lief in der ihr eigenen Art souverän neben ihrer Mutter her. Es war ein wunderschöner Anblick. Es war auch das erste Mal, dass wir Molly über eine längere Strecke traben sahen. Und das, was wir sahen, war höchst erfreulich.

Auch die Richter waren von Macy und Molly begeistert. Einer der Richter meinte sogar: „Ein wunderschönes Fohlen! Wozu kören wir eigentlich noch Hengste, wenn's so auch geht?" Natürlich hatte er letzteres nicht wirklich ernst gemeint. Denn wozu bräuchte es dann noch einen Zuchtverband?

Macy wurde mit der Bestnote ihrer Prüfungsgruppe in das Stutbuch aufgenommen.

Nach der Prüfung wurden wir von den Richtern gefragt, ob wir denn wüssten, welcher Hengst der

Vater unserer Kleinen sei. Wir erklärten ihnen, dass eigentlich nur ein Hengst für die Vaterschaft infrage komme, dieser aber nicht gekört sei. Außerdem hätten wir in der Kürze der Zeit noch keinen Vaterschaftstest in Auftrag geben können. Selbstverständlich zeigten wir den Richtern Casanovas Papiere, die Martina in der Zwischenzeit von Herrn Fichtner in Kopie erhalten hatte. Als die Richter Casanovas Abstammung sahen, versprachen sie uns in die Hand, dass Molly eingetragen würde, sobald die Abstammung durch einen Gentest belegt sei.

Besser hätte es nicht laufen können. Mit Frau Geberts und Herrn Fichtners Hilfe hatten wir es geschafft. Molly würde ordentliche Papiere bekommen!

Mutter und Tochter wurden gleich vor Ort noch Haarproben für den Abstammungstest entnommen. Ein Amtstierarzt besorgte dann wenig später auch noch eine Haarprobe von Casanova. Und der Gentest brachte die endgültige Gewissheit: Casanova ist Mollys Vater.

Einige Monate später absolvierte Macy auch noch eine Stutenleistungsprüfung und wurde als zweitbeste Stute des Tages mit einer hervorragenden Note bewertet. Die Siegerstute wurde damals von einem Berufsreiter vorgestellt, der auch schon einmal ein Pferd in Ausbildung gehabt hatte, das später erfolgreich an Olympischen Spielen teilgenommen hatte. Bei einer solchen Konkurrenz landet man gerne auf dem zweiten Platz.

Nach Bekanntgabe der Ergebnisse gratulierte der Berufsreiter uns zu Macy und fragte, ob sie zum Verkauf stehe. Er war nicht überrascht, dass wir zwar die Glückwünsche dankend annahmen, sein Angebot jedoch freundlich ablehnten.

## Mollys erste Lebenswochen

Die nächsten Wochen verliefen ruhiger. Vor allem musste Molly jetzt erst einmal wachsen und körperlich robuster werden. Da es bei Fohlenspielen manchmal recht ruppig zur Sache geht, war das eine Grundvoraussetzung dafür, dass sie zu den beiden anderen Nachzüglern durfte.

Wir nutzten diese Zeit, um schon mal spielerisch mit Mollys Erziehung zu beginnen. Mit der Hand ließ sie sich ja schon von Geburt an am ganzen Körper berühren, ohne die geringste Scheu zu zeigen. Daher wollten wir nun einen Schritt weiter gehen und Molly mit Berührungen vertraut machen, die sie ihr ganzes Leben als Reitpferd begleiten würden, zum einen mit dem Druck, den das Zaumzeug bzw. ein Halfter am Kopf um das Maul herum und hinter den Ohren ausübt, und zum anderen mit dem Druck des Sattels auf ihrem Rücken.

Natürlich übten wir nicht mit einem richtigen Halfter oder Sattel. Ich hatte einen sehr weich gepolsterten Gurt gekauft, mit dem wir Molly beim Streicheln immer wieder sanft berührten. Das Streicheln stand aber immer im Vordergrund. Mal legten wir den Gurt auf ihren Hals, mal auf den Nasenrücken, mal in die Sattellage. Nie lange, immer nur sekundenweise oder sogar nur für den Bruchteil einer Sekunde, je nachdem, was Molly gerade zuließ.

Anfänglich passten Molly diese ungewohnten Berührungen überhaupt nicht und sie versuchte, den Gurt durch Schütteln wieder loszuwerden. Sie reagierte aber nie hektisch. Kaum war die Berührung vorüber, war es auch schon wieder gut. Auch hier überwogen ihre Neugier und ihre Freude, sich mit Martina und mir abzugeben.

Wir achteten sorgsam darauf, Molly nie zu überfordern. Auf keinen Fall durfte sie durch diese Übungen scheu werden. Nie dauerte eine einzelne Übungseinheit länger als zehn, fünfzehn Sekunden. Und am Ende gab es immer überschwängliches Lob und viele Streicheleinheiten. Aber wir forderten Molly auch. Nie war sie es, die bestimmte, wann wir aufhörten. Wenn wir merkten, dass sie keine Lust mehr hatte oder sich nicht mehr konzentrieren konnte, gab es noch eine einfache Übung zum Abschluss. Dann war Ende, und es wurde nur noch gestreichelt und geschmust.

Mit der Zeit akzeptierte Molly die Berührungen mit dem weichen Gurt immer besser, ließ sie mehr und mehr zu. Schließlich konnten wir ihr sogar ein zusammengelegtes Handtuch auf den Rücken legen, quasi als erste Simulation eines Sattels.

Eine andere Übung, die von Anfang an Teil des Programms war, war das Füßegeben als Vorbereitung auf die Hufpflege und den unvermeidlichen ersten Besuch des Schmieds. Die Vorderfüße gab Molly schon bald recht bereitwillig, natürlich anfänglich wieder nur kurz, später immer länger. An der Hinterhand war es schon etwas schwieriger. Dort war Molly sehr kitzlig. Wir mussten sorgsam darauf achten, vor der Hinterhand zu stehen, um nicht einen durch den Kitzelreflex ausgelösten Kick abzubekommen. Aber mit der Zeit wurde auch das immer besser.

Selbstverständlich konnten wir mit Molly nicht jeden Tag üben, da wir sie nur zweimal wöchentlich besuchen konnten. Aber tägliches Training musste in ihrem zarten Alter ja auch noch nicht sein. Gleichzeitig wollten wir ihr aber durch die ständige Wiederholung der Übungen mit sanfter und liebevoller Konsequenz von Anfang an klar machen, dass wir diejenigen waren, die bestimmten, wo es lang geht. Zudem hatten wir nicht allzu viel Zeit für diese sehr spielerische Erziehungsphase. Sobald Macy und Molly in die Herde der beiden Nachzügler und ihrer Mütter eingegliedert würden, würde sie vorbei sein.

Ich genoss diese Zeit außerordentlich. Mein Eindruck, dass die Übungen die Beziehung zwischen Molly und uns weiter festigte, verstärkte sich von Besuch zu Besuch. Vielleicht bildete ich mir das auch nur ein, aber ich hatte das Gefühl, dass Molly noch unbefangener und selbstsicherer mit uns umging. Immer seltener vergewisserte sie sich mit den Ohren, dass ihre Mutter in der Nähe war. Immer länger gehörte ihre Konzentration voll und ganz Martina und mir. Und auch Macy ließ immer mehr Abstand zu ihr, wenn wir uns mit Molly beschäftigten. Wir konnten uns des Eindrucks nicht erwehren, als sei sie ganz froh, ihre Tochter gelegentlich bei „Oma und Opa" abgeben zu können.

Auch bei wildlebenden Pferden gibt es Nannys, die die Mutterstute gelegentlich bei der Betreuung des Fohlens ablösen. Meist wird diese Rolle von einer älteren Schwester des Fohlens übernommen. Offensichtlich hatte Macy Martina und mich als Nannytauglich eingestuft. Welcher Vertrauensbeweis!

Aber auch das Beobachten kam bei unseren Besuchen nicht zu kurz. Es bereitete uns großes Vergnügen, zu sehen, wie Molly immer wieder Neues entdeckte und ausprobierte.

Recht schnell erwachte ihr Interesse an anderen Nahrungsmitteln als Muttermilch. Sobald Macy mit dem Fressen fertig war, ging Molly zur Krippe und inspizierte diese ausgiebig. Ob sie dabei nur die leere Schüssel ausschleckte oder doch schon das eine oder andere Haferkorn aufnahm, vermag ich nicht zu sagen. Aber sie nahm diese Prozedur sehr ernst.

Auch Strohhalme, die auf dem Paddock lagen, weckten Mollys Neugier. Das Dumme war nur, dass ihr Hals kürzer war als ihre Beine. Die Natur war offensichtlich der Meinung, dass sie fürs Grasen noch nicht reif sei und sich lieber an Muttermilch halten solle. Für deren Erreichen waren die langen Beine von Vorteil.

Molly kam also nicht so ohne weiteres an die auf dem Boden liegenden Halme heran. Schnell entwickelte sie aber eine Lösung für dieses Problem. Sie erinnerte an die Technik, die Giraffen beim Trinken verwenden. Molly spreizte die Vorderläufe seitlich auseinander und streckte den Kopf zwischen ihnen nach unten. Nun musste sie sich nur noch so weit nach hinten lehnen, bis sie aufgrund der Schräge der Vorderläufe mit dem Maul bis auf den Boden reichte und den Halm mit den Lippen aufnehmen konnte.

Die gleiche Technik wendete sie auch an, um auf der Koppel, auf die sie bei schönem Wetter mit Macy durfte, an Grashalmen zu schlecken. Manchmal riss sie auch einen Grashalm ab, behielt ihn eine Zeitlang im Maul und lutschte darauf herum. So tastete sie sich nach und nach an die üblichen Nahrungsquellen erwachsener Pferde heran.

Bis sie ihre Ernährung vollends auf Gras und Heu umstellte, sollte aber noch einige Zeit ins Land gehen.

## Mollys Cousinen

Nach vier Wochen war es dann endlich soweit. Molly und Macy zogen zu den beiden Nachzüglern und ihren Müttern in den Offenstall.

Laut Frau Gebert verlief die Eingewöhnung völlig unproblematisch. „Macy hat sehr schnell die Führung übernommen. Dafür hat 's nicht 'mal 'ne größere Auseinandersetzung gebraucht", erzählte sie uns.

Wir hatten uns noch nie Gedanken darüber gemacht, welchen Platz Macy in der Hierarchie einer Herde einnehmen würde. Wieder so ein Punkt, an dem wir uns eingestehen mussten, welche Greenhorns wir waren. Aber woran würden wir Macys Führungsposition erkennen? Lange sollten wir nicht warten müssen.

In dem Offenstall der kleinen Herde gab es eine Heuraufe, die am Rand des überdachten Bereichs des Unterstands lag. So gab es bei Regen nur einen Platz, auf dem man beim Fressen nicht nass wurde. Über zahlreiche Besuche hinweg machten wir die Beobachtung, dass immer dann, wenn es regnete, und war es auch nur ein leichtes Nieseln, Macy diese Stelle für sich beanspruchte. Die beiden anderen Stuten mussten im Regen stehen, zumindest so lange, bis Madame satt war und den Platz zu räumen geruhte.

Ein anderes Mal konnten wir sogar einen noch deutlicheren Beleg für Macys Führungsposition beobachten. Sie war gerade mit dem Fressen fertig und mit Molly auf die angrenzende Weide gegangen, während sich die beiden anderen Stuten in Abwesenheit der Chefin in aller Ruhe weiter der Heuraufe widmeten. Plötzlich stand Macy wieder am Eingang der Weide und wieherte energisch. Nachdem sie ihrem Unmut durch ein weiteres Wiehern nochmals Nachdruck verliehen hatte, hörten die beiden Stuten gehorsam auf zu fressen und folgten ihr. Wir hätten nie und nimmer gedacht, dass solche Führungsqualitäten in unserer Macy schlummerten.

Molly hatte sich schnell mit den zwei anderen Nachzüglern angefreundet, beides ebenfalls Stutfohlen. Die Freundschaft zwischen den Dreien sollte so innig werden, dass Martina und ich die beiden fortan als Mollys „Cousinen" bezeichneten.

Unter der Aufsicht ihrer Mütter spielten die drei Fohlen ausgelassen auf der Weide. Besonders Laufspiele hatten es ihnen angetan. Meist fing alles ganz harmlos an. Zwei der drei Mädels beschnupperten sich, dann vollführte die eine plötzlich einen Bocksprung und sprintete los, die andere hinterher, bis sich schließlich auch noch die dritte anschloss. Nach ein paar Runden um die Weide, bei denen sie sich teils halsbrecherisch in die Kurve legten und man befürchten musste, dass sie jetzt gleich den Boden unter den Füßen verlieren und stürzen würden, war der Spuk genauso schnell wieder vorbei, wie er begonnen hatte. Dann standen sie mit sich und der Welt sichtlich zufrieden da und schauten drein, als erwarteten sie Applaus.

Molly hielt erstaunlich gut mit den beiden Cousinen mit. Ja mehr noch. So wie ihre Mutter die Führung unter den Mutterstuten beanspruchte, beanspruchte Molly sie unter den Fohlen. Es ist zwar auch bei Wildpferden nicht unüblich, dass sich der Rang der Stute auf das Fohlen überträgt. Aber immerhin war Molly ja zwei Monate jünger als die beiden Cousinen. Und man hätte meinen können, dass ein Fohlen im Alter von gerade mal einem Monat schon rein körperlich keine Chance hat, sich gegen zwei drei Monate alte und damit deutlich kräftigere Fohlen durchzusetzen. Aber weit gefehlt. Unsere kleine Rotzgöre setzte vom Ohrenanlegen über Zwicken bis zum Hinterhandkick alles ein, was ihr zur Verfügung stand, um den beiden anderen klarzumachen, wie die Sache ihrer Meinung nach zu laufen hatte. Und, oh Wunder, trotz ihrer körperlichen Überlegenheit gaben die beiden anderen Fohlen tatsächlich nach.

Eine der bewundernswertesten Eigenschaften von Pferden ist, dass sie dann, wenn sie die Rangordnung untereinander geklärt haben, wieder die besten Freunde sein können. Und so war es auch bei Molly und den Cousinen.

Uns gegenüber änderte sich Mollys Verhalten nach der Zusammenlegung mit den Cousinen nicht. Wir mussten ihr lediglich klar machen, dass sie nun nicht mehr das kleine Neugeborene war. Seit ihrer Geburt war Molly schon ein gutes Stück gewachsen und hatte auch deutlich an Gewicht zugelegt. Ihr Widerrist reichte mir nun etwa bis zum Nabel. Wenn sie sich gegen uns drückte, um uns aufzufordern, sie zu streicheln, wie sie das seit ihrer Geburt getan hatte, dann konnte das schon mal zu einem etwas heftigeren Rempler ausarten, der uns einen Schritt zurücktreten ließ. Nach dem Motto „Wehret den Anfängen!" hielten wir sofort dagegen und rempelten zurück. Molly akzeptierte das ohne Murren und wurde hierfür mit den Streicheleinheiten belohnt, die sie ja eigentlich hatte erbitten wollen. Auf diese Weise lernte Molly beiläufig, dass es keinen Sinn machte, uns gegenüber körperliche Überlegenheit ausspielen zu wollen.

Etwa zu dieser Zeit begann Molly auch, ihr schönes rehbraunes Fohlenfell zu verlieren. Es fing mit einem dunkelbraunen Strich unter den Augen an, der an die „Kriegsbemalung" von American Football-Spielern erinnerte. Von den Augen breitete sich der dunkelbraune Bereich mit der Zeit aus, bis er den Kopf, den Hals und die gesamte Vorderhand bis hinauf zum Schulterbereich einnahm. Auch an der Hinterhand verlor Molly das Fohlenfell. Hier erstreckte sich der dunkelbraune Bereich etwa bis zu einer das Knie mit der Schweifrübe verbindenden Linie. Am restlichen Körper hatte Molly nach wie vor ihr rehbraunes Fohlenfell.

Es war das erste Mal, dass wir eine Vorstellung vom möglichen Ursprung der alten Pferdezüchter-Weisheit bekamen: „Junge Pferde soll man sich nur im Alter von drei Tagen, drei Monaten und drei Jahren ansehen." So hübsch Molly als neugeborenes Fohlen gewesen war, zu dieser Zeit war sie wirklich kein Ausbund an Schönheit.

Später, etwa Mitte Dezember, Molly war mittlerweile fast drei Monate alt, wurde die Kleinherde in Sichtweite des Offenstalls der Fohlenherde verlegt. Frau Gebert bereitete das Absetzen der beiden Cousinen vor.

Nach dem Dreikönigstag war es dann so weit. Die Cousinen wurden von ihren Müttern getrennt und in die Fohlenherde integriert. Da Molly noch zu jung zum Absetzen war, musste Macy notgedrungen ebenfalls mit in die Fohlenherde eingegliedert werden.

In der neuen Situation zeigte sich, wie eng die Bande innerhalb der kleinen Herde geworden waren. Galena, eine der Cousinen, hatte zunächst erhebliche Probleme. Sie trauerte ihrer Mutter sehr nach und suchte bei Macy Trost. Diese ließ die Annäherung zu. Immerhin hatte sie als Leitstute ja die Verantwortung für alle Mitglieder ihrer Herde. Schließlich nahm sie Galena sogar als Zweitfohlen an und säugte sie. Das war wirklich außergewöhnlich. Bei Pferden ist es alles andere als selbstverständlich, dass eine Stute, die ein Fohlen bei Fuß führt, auch noch ein anderes Fohlen an ihr Euter lässt. Uns rührte die Fürsorge, mit der sich Macy um Galena kümmerte.

Als drei Monate später auch Molly abgesetzt wurde, sollte es wiederum Galena sein, die mit Macys Weggang die größeren Probleme hatte. Während sich Molly schnell mit der neuen Situation abfand, trauerte Galena Macy noch geraume Zeit nach. Dieses Mal tröstete sie sich durch einen besonders engen Kontakt zu Molly. Die Freundschaft zwischen Galena und

Molly sollte auch später in der Stutenherde Bestand haben.

Dass Macy in der Fohlenherde rasch das Sagen hatte, war nicht verwunderlich. Wenn sie schon erwachsene Stuten hatte führen können, dann würde sie das bei ein paar Grünschnäbeln auch noch hinbekommen. Welche Respektsperson Macy für die Fohlen war, zeigte sich ganz besonders bei einer Szene, deren Zeugen wir wurden.

Molly und Macy lagen nebeneinander im Stroh und dösten vor sich hin. Ein Junghengst, der ganz offensichtlich mit Molly anbandeln wollte, schlenderte zu den beiden hin. Bevor er sich aber zur Prinzessin traute, fragte er bei Königin Mutter um Erlaubnis an. Er tat dies mit dem sogenannten Fohlenkauen, einer Unterwürfigkeitsgeste: Er streckte den Hals weit nach vorne, zog die Maulwinkel wie zu einem Grinsen hoch und öffnete das Maul mit Kaubewegungen.

Man kann nicht sagen, dass Macy ihn besonders freundlich empfing. Mit angelegten Ohren quittierte sie die Störung, unternahm aber sonst nichts. Nach einiger Zeit war sich der Jungspund sicher genug, dass sein Vorhaben zumindest bei Macy nicht auf Ablehnung stoßen würde, und wandte sich nunmehr vorsichtig Molly zu. Diese ließ ihn zwar „vorsprechen" und sich ausgiebig von ihm beschnuppern. Letztendlich blitzte er aber doch ab. Sie dachte auch nicht im Traum daran, ihren Schönheitsschlaf für den jungen Hupfer zu unterbrechen. Und so musste der arme Tropf schließlich unverrichteter Dinge von dannen ziehen.

Bei Wind und Wetter hätten die Fohlen jederzeit die Möglichkeit gehabt, sich in den nur nach Süden hin offenen, überdachten Bereich zurückzuziehen. Ihr dickes Winterfell schien sie jedoch so gut zu schützen, dass sie es häufig vorzogen, im Freien zu stehen und einfach nur dem Wind ihr Hinterteil entgegenzustrecken. Das härtete natürlich ab. Gleichwohl blieb es im ersten Winter nicht aus, dass sie sich der Reihe nach erkälteten. So viele Papiertaschentücher hätte man gar nicht tragen können, wie es gebraucht hätte, um alle Rotznasen zu putzen. Gott sei Dank blieb es jedoch bei Schnupfen. Die Rosskur des ersten Winters sollte sich aber auszahlen. Die Fohlen entwickelten so starke Abwehrkräfte, dass Erkältungen und Schnupfen in den nächsten Wintern die Ausnahme blieben.

## Das Absetzen

Als Molly im März abgesetzt wurde, war sie etwa halb so alt wie die anderen Fohlen und mit Abstand die Kleinste in der Herde, auch wenn ihr Widerrist mir mittlerweile bis zur Brust reichte. Sie glaubte aber dummerweise immer noch, die Rangposition ihrer Mutter innezuhaben, und meinte, immer vorne mitzumischen zu müssen – mit für sie durchaus unangenehmen Folgen.

Die Fohlenherde hatte es sich zur Angewohnheit gemacht, am Morgen nach der Fütterung die „Sau rauszulassen" und gemeinsam zu einem Frühgalopp vom Sandplatz des Offenstalls auf die angrenzende Weide aufzubrechen. Sie gebärdeten sich dabei, als ginge es darum, den Großen Preis von Iffezheim zu gewinnen. Und Molly immer vorne mit dabei.

Bei einem dieser Frühgalopps kurz nach dem Absetzen stolperte Molly und stürzte. Die Herde versuchte zwar, ihr auszuweichen, aber eines der Fohlen versetzte Molly doch einen Tritt auf die Rückseite des linken hinteren Oberschenkels. Das Ergebnis war ein etwa fünfzehn Zentimeter langer vertikaler Schnitt, dessen eine Hälfte links neben der Scheide und dessen andere Hälfte unterhalb der Scheide verlief, sowie eine starke Prellung auf einer etwa handtellergroßen Fläche unterhalb der Scheide.

Der Schnitt wurde zwar sofort tierärztlich versorgt und schließlich genäht. Jedoch befürchtete die behandelnde Tierärztin, dass die Naht zumindest dort nicht halten würde, wo das umliegende Gewebe auch durch die Prellung in Mitleidenschaft gezogen worden war.

Ich befand mich damals gerade auf einer Geschäftsreise in Japan. Als Martina mir von Mollys Unfall berichtete, hätte ich meinen Aufenthalt am liebsten sofort abgebrochen, um bei Molly zu sein. Es schnürte mir die Brust zusammen, ihr nicht helfen zu können. Aber Martina, die nach der Hiobs-Botschaft sofort zum Josephihof gefahren war, um sich vor Ort ein Bild zu machen und mit der Tierärztin und Frau Gebert das weitere Vorgehen abzustimmen, versicherte mir, dass für Molly alles Menschenmögliche getan worden war und auch weiterhin getan werden würde. Molly brauche jetzt vor allem Ruhe. Die nächsten Tage würden zeigen, wie sich die Verletzung entwickelte. Mein Kopf sagte mir, dass Martina Recht hatte und es blinder Aktionismus gewesen wäre, wenn ich die Reise abgebrochen hätte, nur um zu Hause für Molly nicht mehr tun zu können als Martina.

So zählte ich die Tage bis zu meiner Rückkehr. Immer wieder schweiften meine Gedanken zu Molly ab. Die Zeit wollte nicht vergehen, bis ich abends endlich Martina anrufen konnte, um den neuesten Stand zu erfahren.

Leider gab es zunächst eher schlechte Nachrichten, denn die Tierärztin sollte Recht behalten. Schon am nächsten Tag platzte die Naht auf der gesamten Länge wieder auf. Zudem war das Gewebe im Bereich der Prellung so schwer verletzt worden, dass es großflächig abstarb und das blanke Fleisch zu Tage trat. Noch war nicht abzusehen, wie tief die Verletzung ging. Am meisten Angst hatten wir davor, dass sich die Wunde infizieren könnte. Die Gefahr einer Infektion bestand vor allem deshalb, weil sich die Verletzung an einer Stelle befand, an der man sie nicht verbinden und damit vor Verunreinigung schützen konnte. So musste sich die tierärztliche Versorgung auf oberflächliche Desinfektion, Schmerzmittel und die Unterstützung der körpereigenen Heilungskräfte beschränken.

Mollys Situation verschlechterte sich weiter. Als sie Fieber bekam, musste Frau Gebert sie von der Fohlenherde trennen und in einem geschlossenen Stall unterbringen. Dort war die Wundhygiene besser zu gewährleisten als in einem Offenstall, wo Molly Wind und Wetter und vor allem dem matschigen Boden ausgesetzt war. Damit sie nicht allein war, bekam sie ein Shetland-Pony zur Gesellschaft. Das Pony wusste nicht, wie ihm geschah, und wollte nicht so recht einsehen, warum es plötzlich mit einem ihm völlig fremden Fohlen in einer Box eingesperrt worden war. Wie mir Martina erzählte, machte es einen ziemlich angefressenen Eindruck. Aber es ertrug sein Schicksal mit großem Gleichmut und ließ seinen Ärger nicht an Molly aus.

Gott sei Dank ging das Fieber schon nach wenigen Tagen wieder zurück. Auch erwies sich die Verletzung letztendlich als nicht ganz so schlimm, wie anfänglich befürchtet. Der Schnitt ging nicht tief und verheilte zumindest neben der Scheide relativ schnell. Die Heilung der Prellung sollte sich jedoch noch geraume Zeit hinziehen. Als das abgestorbene Gewebe vollständig abgefallen war, bildete sich über der Wunde ein grober rötlich-brauner Schorf, der mich an Freddy Krügers Gesicht erinnerte und einem das Blut in den Adern gefrieren lassen konnte. Dieser unerfreuliche Anblick sollte uns noch über mehrere Wochen begleiten.

Als das Gröbste überstanden war, wurde Molly ohne Schwierigkeiten wieder in die Fohlenherde eingegliedert. Sie hatte zwar ihren Rangordnungsplatz verloren. Das war zu diesem Zeitpunkt aber ihr geringstes Problem, denn die Verletzung schien sehr schmerzhaft zu sein.

Am Tag nach meiner Rückkehr statteten Martina und ich Molly einen Krankenbesuch ab. Sie bot einen erbarmungswürdigen Anblick. Abseits der Herde lag sie lethargisch auf der Weide. Sie stand auch nicht auf, um uns zu begrüßen. Sie hob lediglich den Kopf, um uns wissen zu lassen, dass sie uns gesehen hatte. Ich ging neben ihr in die Hocke und streichelte sie. Molly genoss die Zuwendung sichtlich. Jedes Mal, wenn ich mit dem Streicheln aufhörte, folgte ihr Kopf meiner Hand und stupste sie an, als wolle sie sagen: „Hey, bitte nicht aufhören!"

Es zerriss mir das Herz, sie so leiden zu sehen. Ob man Molly nicht etwas gegen die Schmerzen geben könne, wollte ich von Martina wissen. Diese Frage habe sie der Tierärztin auch gestellt, antwortete sie. Die Tierärztin habe ihr daraufhin erklärt, dass Schmerzen eigentlich eine clevere Erfindung der Natur seien. Sie machten dem Betroffenen klar, dass mit seinem Körper etwas nicht stimme, und veranlassten ihn, den versehrten Körperteil zu schonen. Wenn sie Molly für längere Zeit Schmerzmittel verabreiche, bestehe die Gefahr, dass diese ihre Verletzung vergesse und mit den anderen Fohlen herumtolle. Das könne nicht nur den Genesungsprozess beeinträchtigen, sondern sogar zum Wiederaufreißen bereits verheilter Bereiche führen. Daher müsse Molly wieder in den Stall zurück, wenn man ihr weiterhin Schmerzmittel verabreichen wolle, denn nur dort könne ihr Bewegungsdrang unterbunden werden. Daraus ergebe sich dann aber das Risiko, dass Molly möglicherweise nicht wieder in die Fohlenherde integriert werden könne und ohne Sozialkontakt aufwachsen müsse. Sie stehe sozusagen vor der Wahl zwischen Pest und Cholera und sei nach Abwägung aller Umstände zu dem Ergebnis gekommen, dass es für Molly wichtiger sei, bei der Herde zu bleiben. Dafür müsse sie nun leider ein paar Tage Schmerzen in Kauf nehmen. Sie gehe aber davon aus, dass das Schlimmste in zwei, drei Tagen überstanden sei.

Es war sicher richtig, dass eine kurze Zeit mit Schmerzen im Vergleich zu einem dauerhaften Leben außerhalb der Herde das kleinere Übel waren. Aber ein Übel blieb es trotzdem. Molly tat mir unendlich leid.

Als wir uns schweren Herzens von Molly verabschiedet hatten, beobachteten wir, wie zwei der anderen Fohlen nacheinander zu Molly kamen und sie liebevoll beschnupperten. Offensichtlich hatte die Herde doch auch gemerkt, dass es Molly nicht sehr gut ging, und ließ sie nicht allein. Das war uns zumindest eine gewisse Beruhigung. Gleichwohl waren Martina und ich auf der Rückfahrt sehr still.

Die Heilung schritt dann aber sogar schneller voran als gehofft. Schon nach wenigen Wochen war die Wunde halbwegs verheilt. Unter dem Schorf hatte sich neue Haut gebildet. Nur Fell wollte an dieser Stelle nicht mehr wachsen.

Da die Verletzung an einer Stelle lag, die bei der Bewegung der Hinterhand immer wieder gedehnt und entspannt wird, machten wir uns Sorgen, ob Molly später durch das Narbengewebe in ihrer Bewegung behindert werden würde. Aber offensichtlich half Molly ihr kindliches Alter, durch das der verletzte Bereich wachstumsbedingt ohnehin einer steten Umwandlung unterworfen war. Durch die Haltung im Offenstall und später auf der Sommerweide wurde die verletzte Stelle zudem schon während der Heilung fortwährend gedehnt und wieder entspannt und dadurch elastisch gehalten. Wie auch immer. Letztlich sollte sich zeigen, dass Molly durch die Folgen der Verletzung in ihrer Bewegung nicht im Geringsten beeinträchtigt war. Sie hatte riesiges Glück gehabt.

Sorgen bereitete uns zudem die Tatsache, dass Mollys Scheide durch die Narbe etwas unsymmetrisch verzogen war. Die Tierärztin bestätigte uns aber, dass die Verformung rein kosmetischer Natur, medizinisch jedoch nicht relevant sei. Insbesondere werde hierdurch nicht das Risiko erhöht, dass Bakterien in die Scheide gelangten und dort Infektionen verursachten. Auch die kahle Stelle, die dort zurückgeblieben ist, wo das Gewebe aufgrund der Prellung abgestorben war, ist lediglich ein kleiner kosmetischer Makel, den man nur sieht, wenn man von ihm weiß. Meist wird sie ohnehin von Mollys üppigem Schweif verdeckt.

Sieht man einmal von Mollys Unfall ab, war es Macy, die mit dem Absetzen weitaus größere Probleme hatte als ihre Tochter. Sie trauerte ihr etliche Tage nach und war in dieser Zeit nicht das fröhliche Pferd, das wir zuvor gekannt hatten. Auch die körperlichen Folgen belasteten sie. Ihr Euter war prall gefüllt und schmerzte. Nach wie vor produzierte sie Milch, die aber nun keinen Abnehmer mehr fand. Gott sei Dank entzündete sich Macys Euter nicht. Mit der Zeit erkannte ihr Körper dann, dass die Milch nicht mehr gebraucht wurde, fuhr die Produktion zurück und stellte sie schließlich vollends ein.

In der freien Natur geht das Absetzen etwas anders und später vonstatten als unter menschlicher Obhut. Während der Fohlenrosse, die sich innerhalb von ein bis zwei Wochen nach dem Abfohlen einstellt, wird die Stute vom Hengst wieder gedeckt und erwartet innerhalb etwa eines Jahres wieder Nachwuchs. Mit Fortschreiten der Trächtigkeit nimmt die Milchproduktion für das alte Fohlen allmählich ab, da die Stute nun all ihre Kraft für das neue Fohlen braucht. Sollte das alte Fohlen kurz vor der Geburt des neuen Fohlens noch nicht selbständig geworden sein, so wird es von der Stute vertrieben, damit sie sich voll und ganz auf die Geburt des neuen Fohlens konzentrieren kann. Bei Stutfohlen wird der Abnabelungsprozess häufig nicht ganz so konsequent durchgezogen wie bei Hengstfohlen. Bei ihnen kommt es durchaus vor, dass sie weiterhin in der Nähe der Mutter bleiben.

Dass der körperliche Müßiggang auf dem Josephihof Macys durchtrainierter Muskulatur nicht gut tun würde, war von Anfang an klar gewesen. Aber dass sie so stark abnehmen würde, hatten wir nicht gedacht. Die Mehrfachbelastung als Mutter, Amme und Leitstute der Fohlenherde hatte stark an Macys Kräften gezehrt. Das hätte auch das beste Futter der Welt nicht ausgleichen können.

Wir waren sicher, dass sich die körperlichen und muskulären Probleme durch entsprechende Fütterung und ein sich allmählich steigerndes Aufbautraining mit der Zeit von selbst geben würden. Daher konzentrierte sich Martina zunächst auf Macys psychischen Zustand.

Macy genoss die Aufmerksamkeit und Zuwendung, die Martina ihr schenkte. Beim Putzen stand sie mucksmäuschenstill, ließ die Augenlider sinken und die Unterlippe hängen und gab sich genussvoll der Massage von Striegel und Bürste hin. Mehr und mehr gewannen wir den Eindruck, dass Macy eigentlich ganz froh war, nicht mehr die Verantwortung für die Fohlen-Rasselbande tragen zu müssen.

Mit zunehmender Erholung kristallisierte sich aber auch heraus, dass Macys Bedürfnis, die Kontrolle über ihr Leben nicht vollends aus der Hand zu geben, sehr tief in ihr verwurzelt war. Dieses Bedürfnis dürfte aus der Lehre erwachsen sein, die Macy aus ihrem bisherigen Leben gezogen hatte. Wie wir aus ihren Papieren wissen, hatte sie in den drei Jahren, die seit dem Anreiten vergangen waren, bereits sechs Besitzer gehabt, bevor sie zu uns gekommen war. Und wenn man als Pferd im Durchschnitt alle sechs bis sieben Monate an einen neuen Besitzer weitergereicht wird, dann verinnerlicht man sehr schnell, dass der Mensch keine Konstante darstellt, auf die man sich verlassen kann. Wenn man aber niemandem vertrauen kann, dann bleibt einem gar nichts anderes übrig, als selbst die Führung zu übernehmen, denn für Pferde ist Vertrauen eine unabdingbare Grundvoraussetzung für Unterordnung.

Am Boden war Macy nach wie vor das sanfte Pferd, das Martina gekauft hatte. Hier überließ sie dem Menschen die Führung und ordnete sich willig unter, auch wenn sie in puncto Sicherheit die Kontrolle nie ganz aus der Hand gab. Stets hatte sie ein wachsames Auge, das auch geringste Veränderungen in der Umgebung sofort wahrnahm.

Unter dem Sattel sah die Sache ganz anders aus. Je mehr sie ihre Kondition zurückgewann, desto intensiver zeigte sich, dass Macy nicht der harmlose Passat war, den Martina hatte kaufen wollen, sondern eher einem rassigen Ferrari glich, dessen Motor durch die Schwangerschaft hormonell gedrosselt gewesen war. Nun, ohne Fohlen im Bauch, konnte Macy ihr volles Temperament entfalten, und damit klarzukommen, war für Martina anfänglich nicht einfach. So sehr sich Macy am Boden unterordnete, so sehr beanspruchte sie unter dem Sattel die Führung. Der Wettstreit zwischen Martina und ihr stand unter dem Motto „Wer hat's zuerst gesehen?" Gewann Martina, dann konnte sie Macy ohne Probleme unter Kontrolle halten. Gewann jedoch Macy, so konnte es durchaus geschehen, dass sich Martina mit ihr nach einem ansatzlos eingeleiteten Sprint unvermittelt am anderen Ende der Reithalle wiederfand. Häufig waren die Anlässe dieser Sprints so nichtig, dass Martina ihrer erst im Nachhinein gewahr wurde. An ein Reiten auf dem Außenplatz mit all den Bewegungen und Geräuschen in der Umgebung war zu dieser Zeit nicht zu denken.

Bei all dem versuchte Macy aber kein einziges Mal, Martina abzuwerfen. Im Gegenteil. Sobald Macy spürte, dass Martina die Balance verloren hatte, hielt sie kurz inne, um dann, wenn sich Martina im Sattel wieder zurechtgesetzt hatte, mit vollem Tempo weiterzupreschen. Schließlich hatte sie als Leitstute ja nicht nur für sich selbst die Verantwortung, sondern auch für Martina.

Aber Martina gab nicht auf, war sie doch überzeugt, dass es mindestens drei Jahre täglichen Umgangs brauche, bis ein Reiter mit seinem Pferd zu einer eingeschworenen Einheit verschmilzt. In mühsamer Kleinarbeit raufte sich Martina mit Macy zusammen. Richtige Fortschritte in ihrem Miteinander machten die beiden aber erst, nachdem Jodie als Ausbildnerin auf den Waldnerhof gekommen war. Unter Jodies Anleitung schaffte es Martina mehr und mehr, auch im Sattel Macys Vertrauen zu gewinnen und damit die Führungsposition zu übernehmen.

Im Endeffekt hat sich all die harte Arbeit, haben sich all die tiefen Täler, durch die Martina zwischendurch gehen musste, aber gelohnt. Etwa zwei Jahre nach Macys Rückkehr vom Josephihof bemerkte Hubert, der für ein stallinternes Reitturnier wieder einmal als Richter auf den Waldnerhof gekommen war, schon als er Martina mit Macy in das Dressurviereck einreiten sah: „Jetzt haben die beiden endlich zueinander gefunden."

Macy und Martina gewannen die Prüfung.

## Mollys Leben als Wildpferd

Im Frühling wurde die Fohlenherde aufgelöst.

Wie allgemein üblich wurden die Junghengste auch auf dem Josephihof in nach Jahrgängen getrennten Gruppen gehalten. Also wurden die einjährigen Hengste in einer eigenen kleinen Herde zusammengefasst. Die einjährigen Stuten, darunter auch Molly, wurden hingegen in die etwa fünfzehnköpfige Stutenherde integriert, in der einjährige, zweijährige und einige dreijährige Tiere zusammenlebten. Geführt wurde die Herde von erfahrenen älteren Stuten, die sorgsam darauf achteten, dass keines ihrer Mädels aus der Reihe tanzte.

Den Sommer verbrachten die Stuten Tag und Nacht auf einer Weide von etwa drei Hektar Größe. Zwischen drei solcher Weiden wurde regelmäßig gewechselt, damit immer genügend frisches Grünfutter zur Verfügung stand. Auf keiner dieser Weiden gab es einen befestigten Unterstand. Lediglich Bäume und Büsche boten Schutz vor Sonne, Wind und Wetter. Sieht man einmal von dem Tränkewagen und der zusätzlichen Gabe von Mineralfutter ab, führten Molly und ihre Kolleginnen also praktisch das Leben von Wildpferden.

In der freien Wildbahn leben Pferde in Herden von bis zu zwanzig Tieren zusammen. Jede Herde wird von einer Leitstute und einem Leithengst geführt.

Daneben umfasst sie weitere Stuten und deren Fohlen, aber nur in Ausnahmefällen weitere geschlechtsreife Hengste.

Nach außen tritt zwar meist der Leithengst mit seinem Imponiergehabe in Erscheinung. Das eigentliche Sagen hat aber die Leitstute. Im Unterschied zum Hengst hat sie sich ihre Position nicht erkämpft, sondern mit der Zeit durch ruhiges und souveränes Handeln erworben. Sie hat die Führung nur deshalb inne, weil die anderen Tiere ihr vertrauen.

Die Leitstute führt die Herde an, wenn diese zu einem anderen Weidegrund oder einer Wasserstelle weiterzieht, während der Hengst die Nachhut bildet, die Herde zusammenhält und sie vor Angriffen schützt. Bei Gefahr von außen, welcher Art auch immer, tritt der Hengst der Bedrohung entgegen, während die Leitstute entscheidet, ob Flucht angesagt ist.

Geht die „Gefahr" von einem anderen Hengst aus, so stellt dieser lediglich für den Leithengst eine Bedrohung dar. Für die Leitstute hingegen bietet die Auseinandersetzung zwischen den beiden Hengsten die Chance, zu überprüfen, ob der aktuelle Leithengst noch immer die beste Wahl ist, oder ob es für die Herde nicht vielleicht doch vorteilhaft sein könnte, dem fremden Hengst zu folgen, weil dieser vitaler ist und der Herde besseren Schutz bieten kann. Die Leitstute entscheidet dabei aber nicht notwendigerweise für die gesamte Herde. Immer wieder kommt es vor, dass einzelne Stuten, insbesondere Jungstuten, eine andere Entscheidung treffen als die Leitstute und mit dem fremden Hengst mitziehen, obwohl die Leitstute mit dem Rest der Herde bei dem „alten" Hengst bleibt.

Neben seiner Schutzfunktion besteht eine weitere Aufgabe des Leithengstes darin, für Nachwuchs zu sorgen und so den Fortbestand der Herde zu sichern. Damit er seine Gene an möglichst viele Nachkommen weitergeben kann, wacht er eifersüchtig über seine Stuten. Nicht auszudenken, wenn ihm auch nur eines seiner Mädels von einem anderen Hengst ausgespannt werden würde. Daher duldet der Leithengst normalerweise auch keine anderen Hengste in der Herde und jagt selbst seine Söhne davon, sobald sie mit etwa ein- bis anderthalb Jahren geschlechtsreif geworden sind.

Die vertriebenen Junghengste schließen sich zu Junggesellengruppen zusammen, die dem einzelnen Tier Schutz vor Fressfeinden bieten. Darüber hinaus unterstützen die rangniedrigeren Junghengste den ranghöchsten Junghengst dabei, sich einen eigenen Harem zusammenzufangen. Ist dieser groß genug, so trennt sich der Junghengst mit seinen Mädels von der Junggesellentruppe und zieht ohne seine Kumpels weiter.

In Ausnahmefällen kann es durchaus vorkommen, dass ein besonders souveräner Leithengst einen oder zwei seiner Söhne als sogenannte Satellitenhengste neben sich duldet. Für ihn hat das den Vorteil der Arbeitsentlastung beim Verteidigen und Zusammenhalten der Herde. Die Junghengste hingegen können von ihrem Vater lernen und dadurch ihre Chancen erhöhen, später selbst einmal eine Herde ihr Eigen zu nennen. Bei der Fortpflanzung macht der Leithengst allerdings keine Kompromisse. Er allein darf die Stuten decken. Das heißt aber natürlich nicht, dass die Satellitenhengste nicht jede Unachtsamkeit des „Alten" ausnutzen würden.

Auch Jungstuten werden mit etwa ein- bis anderthalb Jahren geschlechtsreif. Der auf sie ausgeübte Druck, die Gruppe zu verlassen, ist jedoch bei weitem nicht so groß wie bei Junghengsten. Meist leben sie am Rande der Herde, wo sie leichter von anderen Hengsten abgeworben werden können, und sei es auch nur für ein Schäferstündchen. Da die Jungstuten hier zudem einem höheren Risiko ausgesetzt sind, Fressfeinden zum Opfer zu fallen als in der Mitte der Herde, kann es für sie durchaus von Vorteil sein, dauerhaft bei dem anderen Hengst zu bleiben.

Die Rangordnung der Stuten innerhalb einer Herde ist nicht notwendigerweise streng hierarchisch. Vielmehr kann sie aus einem komplizierten Geflecht von Zweierbeziehungen bestehen. Zudem spielen Freundschaften eine große Rolle. So ist es durchaus möglich, dass ein rangniederes Tier durch die Freundschaft zu einem ranghohen Tier in der Hierarchie aufsteigt, nach Beendigung der Freundschaft aber genauso schnell wieder im Rang sinkt.

Eine ranghöhere Position wird auch nicht aus Prinzip durchgesetzt. Vielmehr wird eine ranghöhere Stute ihre Reaktion stets von der jeweiligen Situation abhängig machen. Hat sie beispielsweise ihren Durst an einer Wasserstelle bereits gestillt, so wird sie dem verständlichen Drängen einer rangniedrigeren Stute, die noch nicht getrunken hat, nachgeben und dieser Platz machen, ohne dass dadurch ihr höherer Rang in Frage gestellt würde.

Nicht selten schließen sich mehrere Herden zu einem Herdenverband zusammen, der mehrere hundert Tiere umfassen kann. Welche Position die einzelne Gruppe innerhalb des Herdenverbands einnimmt, wird dabei durch die Rangordnungsposition ihres Leithengstes gegenüber den anderen Leithengsten bestimmt. Höherrangige Herden halten sich eher im Zentrum des Verbandes auf, wo sie besser vor den Angriffen von Fressfeinden geschützt sind. Auch im Herdenverband achten die Hengste sorgsam darauf, dass ihnen keine ihrer Stuten abhandenkommt.

Bei domestizierten Pferden wurde die Rolle des Leithengstes vom Menschen quasi wegrationalisiert. Der Mensch hat nicht nur die Verantwortung für den Schutz vor Fressfeinden übernommen, sondern auch die totale Kontrolle über die Fortpflanzung. Die beiden zentralen Aufgaben des Hengstes in einer Herde sind somit entfallen. Er wird nicht mehr gebraucht. Seine Funktion als Samenspender kann er auch abseits der Herde erfüllen.

Das ist aber nicht der Hauptgrund für die getrennte Haltung von Stuten und Hengsten in menschlicher Obhut. Hier spielen vor allem Sicherheitsaspekte eine Rolle. Bei einer reinen Stutenherde ist es relativ einfach, eine einzelne Stute herauszulösen und von der Herde zu trennen. In Anwesenheit eines Hengstes kann das für den Menschen hingegen gefährlich, wenn nicht lebensbedrohlich werden.

Auch die Haltung der Junghengste in nach Alter getrennten Gruppen dient hauptsächlich der Vermeidung von Verletzungen. Die Junghengste einer Gruppe kennen sich jeweils von frühesten Fohlentagen an und wissen genau um ihre jeweiligen Rangordnungspositionen. Daher sind heftige Kämpfe eher die Ausnahme. Würde man Hengste hingegen in Verbänden gemischten Alters halten, so würde es bei der Eingliederung der jüngeren Hengste in eine bestehende Herde mit hoher Wahrscheinlichkeit Mord und Totschlag geben.

Berücksichtigt man alle diese Umstände, so war die Haltung der Pferde auf dem Josephihof so naturnah und artgerecht wie eben möglich. Mit dem Josephihof hatten wir, hatte vor allem Molly das große Los gezogen.

Alle zwei bis drei Wochen statteten wir unserer Kleinen einen Besuch ab, um den Kontakt zu ihr nicht abreißen zu lassen. Wenn wir die Weide betraten, beobachteten wir die Stutenherde zunächst aus einiger Entfernung, um die aktuelle Gemütsverfassung der Tiere einschätzen zu können. Waren die Stuten unruhig, blieben wir auf Distanz und beließen es beim Beobachten. Das kam aber nur selten vor, eigentlich nur im Hochsommer, wenn Fliegen und Mücken die Pferde drangsalierten. Dann hatten aber auch die Stuten nicht den Nerv, sich mit uns abzugeben und blieben uns von ganz alleine fern.

Meist liefen die Besuche aber nach einem anderen Schema ab. Sobald die Herde uns entdeckt hatte, sondierten die ranghöheren Stuten die Lage. Wir hatten es uns zur Angewohnheit gemacht, dann stehen zu bleiben und abzuwarten, dass die Herde den ersten Schritt auf uns zu machte, was meist rasch geschah, sobald sie uns erkannt hatten. Gemächlich setzte sich die Herde in Gang und trottete im Gänsemarsch in unsere Richtung. Ein gutes Zeichen, denn außer von Frau Gebert und ihrem Team bekamen die Stuten nicht allzu häufig Besuch, und dass sie auf uns zukamen und nicht von uns weg liefen, zeigte, dass sie bislang keine schlechten Erfahrungen mit Menschen gemacht hatten. In etwa zehn Metern Entfernung blieben die Stuten nochmals stehen und lauschten unseren Begrüßungsworten. Molly verweilte während dieses Rituals inmitten ihrer Kolleginnen.

Anfänglich waren es stets ein paar einjährige Stuten, die sich als erste aus der Herde lösten und neugierig, aber immer freundlich Kontakt zu uns aufnahmen. Sie kannten uns schon aus ihrer Zeit in der Fohlenherde und hatten Vertrauen zu uns gefasst. Auch damals waren es fast immer die gleichen Mädels gewesen, die uns als erste begrüßt hatten.

Seither kannten sie auch unsere Spielregeln. Beschnuppern war erlaubt. Versuche, am Anorak oder Pulli zu zupfen und sei es auch nur mit den Lippen, wurden hingegen mit einem leichten Klapps mit den Fingerspitzen auf die Nase quittiert. Zeigte der Klapps die gewünschte Wirkung, ließen wir umgehend ein paar Streicheleinheiten folgen. Auf diese

Weise wurden wir kein einziges Mal gezwickt oder gar gebissen, verschreckten die Pferde aber auch nicht durch eine überzogene Reaktion. Außerdem reagierten alle Stuten hervorragend auf unsere Körpersprache und wichen zurück, wenn wir uns vor ihnen aufbauten und einen Schritt auf sie zu machten.

Natürlich achteten wir sorgsam darauf, von der Herde nicht eingekreist zu werden, sondern hielten uns stets am Rand. So hatten wir immer den Rücken frei und hätten uns im Notfall schnell zurückziehen können. Durch diese einfachen Maßnahmen konnten wir gefährliche Situationen sicher vermeiden.

Später kamen dann auch die älteren Stuten zu uns und begrüßten uns, indem sie uns sanft beschnupperten, während wir sie an Kopf und Hals streichelten. Schnell hatten sie uns in die Kategorie der Menschen eingeordnet, mit denen gut Kirschen essen war. Je öfter wir die Herde besuchten, desto früher gaben sie ihre Zurückhaltung auf und ließen Körperkontakt nicht nur zu, sondern forderten ihre Streicheleinheiten teilweise sogar ein.

Molly hielt sich bei unseren Besuchen zunächst im Hintergrund und ließ den anderen den Vortritt. Offensichtlich hatte sie inzwischen einen mittleren Rangordnungsplatz inne. Irgendwann schaffte sie es dann aber doch, sich zu uns durchzuschlängeln. Dann begrüßte sie uns und ließ sich ausgiebig streicheln. Wenn wir ein paar Meter weiter gingen, beispielsweise um den Rücken wieder freizubekommen, trottete sie uns wie ein Hündchen hinterher. Auch blieb sie deutlich länger bei uns als die anderen Stuten, bevor sie sich wieder in die Herde zurückzog. Insgesamt ging sie mit uns sehr viel vertrauter um und gab uns klar zu verstehen, dass sie trotz des Lebens als Wildpferd genau wusste, dass wir „ihre" Menschen waren.

Bei aller Zuneigung blieben die Stuten während unserer Besuche aber immer Mitglieder der Herde. Beschloss die Gruppe beispielsweise, zur Tränke zu ziehen, ließen sie uns stehen und gingen alle mit. Nur Molly machte diesbezüglich eine Ausnahme. Sie zeigte uns sehr deutlich, dass sie sich nicht nur den anderen Stuten, sondern auch uns zugehörig fühlte. Immer wieder verließ sie die Herde sogar vorübergehend, um uns nah zu sein.

Auf der einen Seite genossen wir es, dass unsere Beziehung auch für Molly etwas Besonderes zu sein schien. Wir durften es auch genießen, weil wir wussten, dass sie sich in der Herde wieder geborgen fühlen würde, sobald wir uns auf den Heimweg gemacht hatten. Auf der anderen Seite führte Mollys Verhalten uns immer wieder die Verantwortung vor Augen, die wir für sie übernommen hatten.

Die Monate auf der Sommerweide fügten der Beziehung zwischen Molly und uns eine neue Komponente hinzu, eine tief verwurzelte Sicherheit. Molly konnte sich unserer und wir uns ihrer Zuneigung sicher sein, auch wenn wir bei unseren Besuchen nicht von Anfang an und ständig aneinander klebten. Wenn Molly einmal nicht so viel Zeit mit uns verbringen wollte, dann bedeutete das nicht, dass sie sich von uns entfremdete. Beim nächsten Besuch holte sie das dann eben wieder nach. Und natürlich ließen wir

Molly beim Kontakt mit uns größere Freiheiten als den anderen Stuten. Bei ihr waren wir uns einfach sicher, dass sie dies nicht ausnutzen würde.

Auch nachdem sich die Stuten wieder zurückgezogen hatten, blieben Martina und ich oft noch geraume Zeit auf der Weide und beobachteten sie. Dabei lernten wir viel über die Körpersprache der Pferde. Es war sehr interessant zu sehen, wie die Tiere miteinander umgingen. Was oberflächlich betrachtet wie ein friedliches Mit- und Nebeneinander erschien, erwies sich bei näherer Betrachtung als ein fortwährendes Testen und Bestätigen der Rangordnung.

Kam eine Stute einer anderen beim Grasen zu nahe, konnte das bei dieser die unterschiedlichsten Reaktionen auslösen. Entweder machte sie der anderen Stute unverzüglich Platz und trollte sich oder sie verteidigte ihren Position, indem sie kurz ein Zwicken mit den Zähnen in Richtung des Störenfrieds andeutete. Oft genügte sogar ein einfaches Ohrenanlegen, um die Angelegenheit zu klären. Nur selten kam es zu heftigeren Reaktionen, wie einem angedeuteten Ausschlagen. Und meist waren die „Diskussionen" genauso schnell wieder vorüber, wie sie begonnen hatten. Stets folgte die Reaktion der einen Stute unmittelbar und ohne Zeitverzögerung auf die sie auslösende Aktion der anderen Stute. Und stets war die Angelegenheit nach ihrer Klärung wieder vergessen und die Stuten gingen friedlich zur Tagesordnung über. Pferde sind nicht nachtragend.

Im Fokus unserer Beobachtungen stand selbstverständlich Molly. Bei ihr kam es durchaus vor, dass sie mit anderen Stuten friedlich Nüster an Nüster an ein und derselben Stelle graste. Am häufigsten kam das natürlich bei den Cousinen vor. Schon in der Fohlenherde war Molly beim Fressen oder Dösen regelmäßig mit den beiden Cousinen zusammengestanden. Aber auch jetzt in der Stutenherde suchte vor allem Galena Mollys Nähe. Immer wieder beobachteten wir sie bei der gegenseitigen Fellpflege mit Molly.

Die Freundschaft zwischen Molly und Galena sollte während Mollys gesamter Zeit auf dem Josephihof Bestand haben. Eine gewisse Abnabelung seitens Galena fand erst in Mollys letztem Sommer auf dem Josephihof statt. Galena war dreijährig das erste Mal gedeckt worden, wie üblich bei Stuten, die für die Zucht vorgesehen sind. Offensichtlich hatte sie durch die hormonelle Umstellung infolge der Trächtigkeit an Selbstsicherheit gewonnen und war selbstständiger geworden. Jedenfalls traf man sie seither nicht mehr so häufig in Mollys Nähe an.

Interessant war auch, dass das Zusammengehörigkeitsgefühl innerhalb der Jahrgangsgruppen stärker ausgeprägt zu sein schien als über die Altersstufen hinweg. Als wir nach einem unserer Besuche gerade wieder auf dem Weg zum Auto waren, folgte uns die Herde und nutzte die Gelegenheit, um am Tränkewagen den Durst zu löschen. Als Molly, die lange Zeit geduldig gewartet hatte, bis sie an der Reihe war, gerade ihr Maul in die Tränkeschale tauchen wollte, wurde sie von einer jüngeren Stute rüde bedrängt. Sofort ging eine Jahrgangskollegin von Molly, die ihren Durst bereits gestillt hatte, dazwischen und schirmte Molly mit ihrem Körper ab, so dass diese in Ruhe zu Ende trinken konnte. Sie wich ihr nicht von der Seite und verließ die Tränke erst, als Molly für die nächste durstige Stute Platz machte. Diese Beobachtung war für uns deshalb so interessant, weil sich die andere Stute für Molly eingesetzt hatte, ohne aus ihrem Handeln unmittelbar einen Vorteil für sich selbst ziehen zu können. Ein solches Verhalten war mir von Pferden bislang nicht bekannt gewesen.

Aber auch die Besuche, bei denen wir uns aufgrund der Unruhe der Herde auf das Beobachten aus der Ferne beschränkten, waren für uns sehr lehrreich. Beispielsweise konnten wir im Hochsommer, wenn die Mücken allzu lästig wurden, einige Male beobachteten, wie sich die Stuten auf einer Fläche versammelten, auf der kein Gras mehr wuchs. Dann begannen sie, auf der blanken Erde so lange im Kreis zu laufen, bis die ganze Herde durch den aufgewirbelten Staub in eine dichte Wolke gehüllt war. Es war mit Händen zu greifen, dass sie mit diesem Verhalten versuchten, sich die Plagegeister vom Leibe zu halten. Nur gut, dass die Stuten noch nie etwas von Feinstaubbelastung gehört hatten.

## Der Vorschulaufenthalt

Als Molly etwas mehr als zwei Jahre alt war, erhielt Martina einen Anruf von Frau Gebert.

„Sie müssen Molly unbedingt für ein bis zwei Monate zur Grundausbildung holen, sonst wird sie zu dominant, und Sie bekommen beim Einreiten richtige Schwierigkeiten!"

Irgendetwas musste beim gerade erst erfolgten Umzug der Stutenherde von der Sommerweide in den Offenstall vorgefallen sein. Was es genau war, haben wir nie herausgefunden. Wir gehen jedoch davon aus, dass Molly bei dieser Gelegenheit sehr selbstbewusst, um nicht zu sagen aufmüpfig und rüpelig aufgetreten war.

Mit ihrem Ansinnen hatte uns Frau Gebert auf dem kalten Fuß erwischt. Martina blieb gar nichts anderes übrig, als zunächst auf Zeit zu spielen. Also erklärte sie, sie müsse das mit mir besprechen und wir würden uns zeitnah wieder melden.

Gott sei Dank hatten wir uns schon grundlegende Gedanken über Mollys Ausbildung und vor allem das Einreiten gemacht. So waren wir nicht völlig unvorbereitet. Aber bislang hatten wir nur theoretische Überlegungen angestellt und uns über diverse Optionen informiert. Konkrete Gespräche hatten wir jedoch noch nicht geführt.

Unser erklärtes Ziel war es von Anfang an gewesen, dass Molly möglichst stressfrei und ohne Zeitdruck angeritten werden sollte. Wir wollten ihr auch in dieser entscheidenden Phase ihres Lebens unter allen Umständen negative Erlebnisse ersparen. Sie sollte die Freude an der Arbeit mit dem Menschen nicht verlieren. Lieber sollte die Ausbildung etwas länger dauern.

Damit schieden all jene Optionen von vornherein aus, bei denen es vorrangig darum geht, den Tieren innerhalb möglichst kurzer Zeit möglichst viel beizubringen. Ein derartiges kostenoptimiertes Anreiten kann nicht ohne Stress und zumindest zeitweise Überforderung der Pferde gelingen. Es war uns klar, dass der von uns gewählte Weg im Gegensatz dazu höhere Kosten nach sich ziehen würde. Aber das war es uns wert.

Natürlich ging es bei der Grundausbildung, von der Frau Gebert gesprochen hatte, noch nicht um das Anreiten, sondern erst mal um das Kennenlernen eines Reitstalls mit dem ganzen Drum und Dran, das dazugehört, vom Leben in einer Box bis hin zum Longieren. Aber wir wollten sowohl die Grundausbildung als auch das Anreiten in einer Hand wissen, um Molly ein Höchstmaß an Konstanz zu bieten.

Einmal mehr sollte uns der Zufall zu Hilfe kommen.

Einige Wochen zuvor hatte Jodie die Stelle als Trainerin auf dem Waldnerhof übernommen. Martina gefiel nicht nur ihr Reitunterricht sehr gut, sondern auch der Beritt von Macy. Außerdem stimmte die Chemie zwischen Martina und Jodie von Anfang an. Die beiden kamen sehr gut miteinander zurecht.

Jodie war Mitte, Ende 40 und trug ihre lockigen braunen Haare meist zu einem Pferdeschwanz zusammengebunden. Sie hatte ungefähr die gleiche Größe wie Martina und war ebenso schlank. Das hatte den Vorteil, dass beide problemlos den gleichen Sattel verwenden konnten.

Irgendwann hatte Jodie erzählt, dass sie in einer früheren Anstellung sehr viele junge Pferde angeritten hatte. Martina war hellhörig geworden. Jodie schien über sehr viel Erfahrung auf diesem Gebiet zu verfügen. Zu unserem Leidwesen hatte Jodie aber auch betont, dass sie nach einigen Reitunfällen zukünftig lieber die Finger vom Anreiten lassen wolle. Das Risiko sei ihr zu hoch. Wir akzeptierten das. Aber immerhin hatten wir in Jodie jemanden gefunden, der uns mit seinem Wissen und seinen Verbindungen möglicherweise weiterhelfen konnte. Dass sich die Notwendigkeit hierfür so rasch ergeben würde, hatten wir allerdings nicht geahnt.

Nachdem wir nun für Mollys Grundausbildung schnellstmöglich eine Lösung finden mussten, bat Martina Jodie um ihren Rat. Sie erläuterte ihr, worauf es uns ankam, und fragte sie, ob sie uns Ausbilder nennen könne, die bereit wären, auf unsere Vorstellungen einzugehen. Jodie versprach, zu helfen.

Im Laufe der Unterredung merkte Martina, dass es Jodie in den Fingerspitzen zu jucken begann, ein junges Pferd einmal ohne Zeitdruck und Stress anreiten zu können, eben genau so wie sie es sich selbst eigentlich immer gewünscht hatte. Nachdem sich Jodie zu einem großen Macy-Fan entwickelt hatte und sie Mollys Geschichte ebenso unglaublich fand wie wir, fasste sich Martina schließlich ein Herz und fragte Jodie geradeheraus, ob sie es sich nicht vielleicht doch vorstellen könne, das Ganze selbst zu übernehmen.

Jodie sagte nicht sofort zu, sondern erbat sich etwas Bedenkzeit. Das hatten wir auch gar nicht anders erwartet. Martina schlug vor, alles bei einem gemeinsamen Abendessen noch einmal in Ruhe zu besprechen. Wir trafen uns zwei Tage später. Obwohl Jodie keine Andeutungen in diese Richtung machte, konnte ich mich des Eindrucks nicht erwehren, dass ihre Bedenken nicht so sehr in Mollys, sondern eher in unsere und speziell wohl in meine Richtung gingen. Im Laufe des Abends konnten wir Jodie aber davon überzeugen, dass es uns mit dem stressfreien Anreiten wirklich ernst war und nicht die Gefahr bestand, dass wir auf halbem Weg doch plötzlich beginnen würden, Druck zu machen. Wir konnten spüren, wie sehr die Aufgabe Jodie reizte. Bevor sie sich endgültig entschied, wollte sie Molly aber noch persönlich kennenlernen.

Ich jubelte innerlich. Die Sache war gelaufen. Jodie würde von Molly genauso begeistert sein wie von Macy. Ich war mehr als zuversichtlich, dass sie zusagen würde.

Also vereinbarte Martina mit Frau Gebert einen Termin für einen gemeinsamen Besuch auf dem Josephihof.

Da der Boden an dem alles entscheidenden Tag sehr matschig war, war der Zugang zur Weide gesperrt. Und so hielten sich alle Stuten im Unterstand und auf dem Sandplatz des Offenstalls auf. Während ich das übliche „Empfangskomitee" mit Streicheln ablenkte, konnten Martina und Jodie Molly begrüßen. Unsere Kleine zeigte sich von ihrer besten Seite. Der neue Mensch, den Martina da mitgebracht hatte, wurde erst einmal freundlich und neugierig von oben bis unten beschnuppert. Gleichzeitig ließ sie sich von Jodie streicheln. Als Martina sich aber ein paar Schritte entfernte, ließ Molly Jodie ohne Zögern stehen und folgte Martina auf dem Fuße. Jodie war von der Vertrautheit, die zwischen Molly und uns entstanden war, begeistert.

Zum Abschluss unseres Besuchs standen Frau Gebert, Jodie, Martina und ich noch etwas auf dem Sandplatz beieinander und unterhielten uns. Molly stellte sich als einzige der Stuten dazu. Wie ein kleines Kind, das die Gesellschaft der Erwachsenen sucht. Wahrscheinlich wollte sie sich aber nur noch ein paar weitere Streicheleinheiten abholen.

Wie erhofft, sagte Jodi zu und wir konnten Frau Gebert versprechen, uns um eine Box auf dem Waldnerhof zu bemühen und Molly so schnell wie möglich für den Vorschulaufenthalt abzuholen.

Anfang Dezember war es dann soweit. Allerdings wurde Molly nicht unmittelbar zum Waldnerhof gebracht. Wir nutzten die Gelegenheit für einen ambulanten Zwischenstopp in einer Pferdeklinik. Hier wurde unsere Kleine von Kopf bis Fuß durchgecheckt. Vor allem ließen wir von allen Gelenken der Vorder- und Hinterhand Röntgenaufnahmen anfertigen. Wir wollten für eventuelle spätere Verletzungen die Möglichkeit eines Vergleichs mit früheren Bildern schaffen. Alles lief bestens, und zu unserer großen Erleichterung ergaben die Untersuchungen keine auffälligen Befunde.

Nach der Ankunft auf dem Waldnerhof zögerte Molly keinen Augenblick, sich in die für sie vorbereitete Box führen zu lassen. Möglicherweise hatte sie die Zuwendung und Pflege, die sie damals nach ihrer Verletzung in einer Box erfahren hatte, noch in guter Erinnerung. Ganz ruhig stapfte sie in der Box umher und begutachtete jeden Winkel. Am Futtertrog angekommen fand sie den vorbereiteten Willkommenssnack und machte sich genüsslich darüber her. Hier konnte man es offensichtlich aushalten.

Nun sollte Molly sich erst einmal akklimatisieren. Am nächsten Tag war es immer noch früh genug, damit zu beginnen, sie mit all den neuen Dingen vertraut zu machen, die sie während ihres Lebens als Reitpferd begleiten sollten.

Macy hatte von ihrem Paddock aus genauestens beobachtet, dass wir da mit einem anderen Pferd zugange waren. Sie zeigte aber nicht das geringste Anzeichen, dass sie erkannte, wer das andere Pferd war. An der Statur konnte sie Molly nicht erkennen, da sie ihre Tochter ja zuletzt als sechs Monate alten Hänfling gesehen hatte, während jetzt ein halbwüchsiges Pferd vor ihr stand. Mollys Widerrist reichte mir mittlerweile fast bis zur Schulter. Daher führten wir Molly am nächsten Morgen zu Macys Paddock, damit sich die beiden beschnuppern konnten. Sie waren zwar durchaus aneinander interessiert und gingen auch sehr freundlich miteinander um. Aber weder Macy noch Molly zeigte eine Reaktion, aus der man hätte schließen können, dass sie noch wussten, dass sie Mutter und Tochter waren. Obgleich Martina und ich das vermutet hatten, waren wir doch ein wenig enttäuscht. Insgeheim hatten wir schon auf eine gewisse Wiedersehensfreude gehofft.

Ich fragte mich, warum die Natur das so eingerichtet hatte. Offensichtlich war die Kenntnis der Mutter-Kind-Beziehung in der freien Wildbahn nur im Hinblick auf die Mithilfe der Tochter bei der Aufzucht des nächsten Fohlens von Vorteil. Da dieser Umstand bei Macy und Molly nicht zum Tragen kam, war das Wissen um die verwandtschaftlichen Bande offensichtlich nutzlos.

Wir waren sehr gespannt, wie es sein würde, die Welt eines Reitstalls nun erstmals durch die Augen eines jungen Pferdes zu sehen. Worauf erwachsene Pferde besonders achteten, wovor sie üblicherweise Angst hatten, das wussten wir. Aber sicher gab es Unterschiede. Menschenkinder sehen die Welt ja auch mit anderen Augen als Erwachsene. Warum sollte es bei Pferden anders sein?

Jodie gab uns den Rat, bei allen Übungen stets eine ausreichende Menge an Leckerli dabei zu haben. Durchaus auch als Belohnung. Molly sollte den ersten längeren Aufenthalt auf dem Waldnerhof ja in angenehmer Erinnerung behalten. Vor allem aber als Angstüberwinder. In vielen Situationen stellt der Fresstrieb nämlich einen stärkeren Impuls dar als die Angst. Wir mussten nur darauf achten, dass wir eine in Molly aufkeimende Angst rechtzeitig bemerkten, um mit Leckerlis gegenwirken zu können.

Beim Führen war Molly von Anfang an sehr brav. Insbesondere zeigte sie nie die Neigung, bei vermeintlichen Gefahren davonzustürmen. Vielmehr zog sie es vor, wie angewurzelt stehenzubleiben und sich das gefährliche Objekt genauestens anzusehen. Meist ließ sie sich aber schon nach wenigen Augenblicken auch ohne Leckerli davon überzeugen, dass die Situation doch nicht so brenzlig war, wie zunächst angenommen. Zudem gewann am Ende stets ihre kindliche Neugier die Oberhand. Selbst so „gefährlichen" Objekten wie Silageballen, denen erwachsene Pferde aufgrund der Kunststoffhülle lieber fern bleiben, näherte sie sich nach einiger Zeit bis auf wenige Zentimeter, ging schließlich sogar auf Tuchfühlung, um sie zu beschnuppern und abzuschlecken.

Dass sie aber letztendlich doch nicht so abgebrüht war, wie sie tat, zeigte sich daran, dass sie zu dem sie führenden Menschen stets sehr engen Kontakt suchte. Das war insofern unangenehm, als sie in Situationen, die ihr gefährlich zu sein schienen, dazu neigte, sich gegen den Menschen zu drücken. Gelegentlich auch etwas heftiger. An diesem nicht ganz ungefährlichen Verhalten würden wir mit ihr unbedingt arbeiten müssen. Aber in diesem frühen Ausbildungsstadium war es noch als lässliche Sünde einzustufen. Gleichwohl rempelte ich in solchen Momenten sofort zurück, wie ich das schon mit der vier Wochen alten Molly getan hatte.

Dass das Putzen an sich kein Problem darstellen würde, hatten wir erwartet. Molly hatte die damit verbundene Zuwendung ja schon wenige Tage nach ihrer Geburt zu genießen gelernt. Aber würde sie sich zum Putzen auch in eine der Putzboxen führen lassen?

Bekanntlich sind Pferde Fluchttiere, die reflexartig mit Davonlaufen reagieren, um möglichst schnell möglichst viel Abstand zwischen sich und eine potentielle Gefahrenquelle zu bringen. Um mögliche Risiken frühzeitig erkennen zu können, ist es für Pferde enorm wichtig, stets die Möglichkeit zur Beobachtung der Umgebung zu haben. Und gerade das wird ihnen in einer an drei Seiten von Wänden umgebenen Putzbox genommen. Auch erwachsene Pferde müssen daher erst lernen, dass ihnen hier keine Gefahr droht.

Um es für Molly so leicht wie möglich zu machen, begannen wir mit einer Putzbox, in die durch zwei Fenster Tageslicht fiel, so dass sie schön hell war und dadurch offener erschien. Molly blieb kurz vor der Putzbox stehen und sondierte die Lage. Durch ein paar Tätschler und gute Worte ließ sie sich aber recht schnell überreden, die Box zu betreten. Beim ersten Mal verzichteten wir darauf, sie anzubinden. Konnte sie ihre Umgebung schon nicht im Auge behalten, sollte ihr nicht auch noch die Möglichkeit zur Flucht genommen werden. Ich hielt Molly daher am Führstrick und streichelte sie an Hals und Kopf, während

Martina sie mit einer weichen Bürste putzte. Auf diese Weise konnte sie mit der Putzbox etwas Positives verbinden. Anschließend entließen wir unsere Kleine und führten sie wieder zurück in ihre Box.

An den folgenden Tagen gingen wir dazu über, Molly in der Putzbox anzubinden, erst nur auf einer Seite, später auch beidseitig. Stets blieb aber einer von uns auf Höhe ihres Kopfes stehen, um beim geringsten Anzeichen von Unruhe sofort reagieren zu können, was aber erfreulicherweise nie nötig war. Molly hatte sehr schnell verstanden, dass von der Putzbox keine Gefahr ausging.

Eine Herausforderung ganz anderer Art war da schon die Waschbox, nicht so sehr wegen der Tatsache, dass sie fensterlos war und nur mit Kunstlicht erhellt werden konnte, als vielmehr wegen der spiegelnden Pfütze am Boden und des Wasserschlauchs, der dort lauerte. Den Argwohn gegenüber dieser „Schlange" legen viele ausgewachsene Pferde ihr ganzes Leben lang nicht ab. Und auch Molly war das Ganze überhaupt nicht geheuer. Es brauchte große Überredungskunst und viele Leckerli, bis wir sie in die Waschbox bugsiert hatten. Dass sie nur uns zuliebe hineingegangen war, merkten wir deutlich an ihrem tiefen Ein- und Ausatmen und ihrer angespannten Muskulatur. Wieder versuchten wir, ihr mit Putzen, Streicheln und gutem Zureden ein positives Gefühl zu vermitteln. Und tatsächlich beruhigte sich Molly recht schnell. Auch wenn sie nach der Übungseinheit nicht gerade aus der Waschbox stürmte, zeigte uns ihr flotter Schritt doch, dass sie heilfroh war, dieses Kapitel der Grundausbildung hinter sich gebracht zu haben.

Wie jedes Mal, wenn wir ihr etwas Neues gezeigt hatten, führten wir Molly in ihre Box zurück und gaben ihr Zeit, das Ganze zu verarbeiten. Dass jeder neue Eindruck für sie eine enorme psychische Anstrengung darstellte, konnten wir daran erkennen, dass sie nicht selten schon wenige Minuten nach der Rückkehr in ihre Box mit geschlossenen Lidern und hängender Unterlippe im Stehen vor sich hindöste.

Wir achteten sorgsam darauf, Molly nicht zu überfordern. Jeden Tag höchstens ein neuer Eindruck, lautete die von Jodie ausgegebene Devise. Es bestand ja auch kein Grund zur Eile. Immerhin hatten wir für die Grundausbildung zwei Monate eingeplant. Außerdem wollten schon bekannte Dinge ja auch wiederholt werden.

Zu unserer großen Freude zeigte sich Molly sehr gelehrig. Was man ihr einmal gezeigt hatte, und worüber sie beim anschließenden Dösen ausführlich „nachgedacht" hatte, das hatte für sie seinen Schrecken verloren. Schon nach wenigen Wiederholungen folgte sie uns in die Putzbox, in die Waschbox oder wohin auch immer wir sie führten.

Jodie beschloss, einen Schritt weiterzugehen und ihr zu zeigen, wozu die Waschbox eigentlich gedacht war. Die „Schlange" würde nun also auch noch anfangen, zu zischen und Wasser zu speien. Als Jodie den Wasserschlauch in die Hand nahm, registrierte Molly das natürlich sofort, zuckte zusammen und wurde nervös. Nachdem sie sich wieder beruhigt hatte, öffnete Jodie den Wasserhahn ein wenig und ließ das Wasser in einem dünnen Strahl auf den Boden plätschern. Nach und nach drehte sie weiter auf und spritzte Molly schließlich sogar die Beine ab, was diese geduldig über sich ergehen ließ. Martina wiederholte diese Prozedur anschließend täglich. Und schon wenige Tage später war Molly in der Waschbox so souverän, dass Martina ihr sogar den Schweif waschen konnte.

Eines Abends berichtete mir Martina, Jodie und sie hätten Molly an diesem Tag zum ersten Mal am Stallhalfter longiert. Eigentlich könne man nicht wirklich von Longieren sprechen, da kontrollierte Gangartwechsel natürlich noch nicht möglich gewesen seien, aber sie hätten Molly in einem von ihr selbst gewählten Tempo laufen lassen, um sie mit dem Longierhaus vertraut zu machen. Anfänglich habe Molly etwas gebuckelt, aber das machten ja alle Pferde gelegentlich an der Longe. Molly sei dann aber schnell in einen lockeren Trab übergegangen. Am Ende habe Jodie sie gebeten, Molly am Halfter zu halten, habe einen Schemel geholt und sich neben Molly auf den Schemel gestellt. Dann habe Jodie ihren Unterarm auf Mollys Rücken gelegt, genau in der Sattellage, und etwas Druck auf den Rücken ausgeübt. Sie habe das mehrfach wiederholt, und Molly habe alles brav mit sich machen lassen. Wenig später erzählte Jodie mir voller Begeisterung, dass sie es nicht für möglich gehalten habe, dass ein junges Pferd schon so früh so gelassen bei dieser Übung mitmachen würde. Molly sei wirklich einzigartig. Sie freue sich jetzt schon auf das Anreiten.

Nachdem es bei keinem einzigen Punkt, den Jodie sich vorgenommen hatte, Probleme gab, und wir alles auch schon mehrfach wiederholt hatten, entschied Jodie, dass wir die Vorschulausbildung abschließen sollten. Wir wollten ja nicht, dass sich die Kleine langweilte. Also rief Martina bei Frau Gebert an und berichtete ihr von Mollys Ausbildungsstand und von Jodies Empfehlung. Frau Gebert zeigte sich sehr zufrieden. Und so kehrte Molly nicht nach zwei Monaten, sondern schon nach zehn Tagen auf den Josephihof zurück.

Nach der „Vorschule" bemerkten wir eine Änderung in Mollys Verhalten, die uns sehr anrührte. Sie gab uns noch deutlicher als zuvor zu verstehen, dass sie nicht nur wusste, wer wir sind, sondern dass sie sich uns auch zugehörig fühlte. Sie kam früher zu uns, wenn wir sie im Offenstall oder auf der Weide besuchten, und sie zog sich später wieder in die Herde zurück. Zudem folgte sie uns in der Zwischenzeit auf Schritt und Tritt. Nicht nur einmal verließ sie die Herde, begleitete uns beim Abschied und sah uns lange nach.

Insbesondere das Wissen darum, dass ihr Blick auf uns ruhte, machte uns den Abschied jedes Mal richtig schwer. Am liebsten hätten wir sie eingeladen und wieder mit zum Waldnerhof genommen. Aber das wäre natürlich unsinnig gewesen. Auch auf dem Waldnerhof hätten wir sie jeden Abend bei ihren Boxennachbarn zurücklassen müssen. Außerdem war sie noch zu jung, um mit der richtigen Ausbildung beginnen zu können. Sie sollte dieses Jahr noch ihre Freiheit auf der Weide genießen.

## Der Ernst des Lebens beginnt

Wenige Tage nach ihrem dritten Geburtstag waren für Molly die schönen Tage auf dem Josephihof mit all ihrem Müßiggang vorüber. Martina und ich machten uns an einem nicht allzu schönen, aber trockenen Herbstmorgen auf den Weg, um unsere Kleine wieder auf den Waldnerhof zu holen.

Wir hatten gehöriges Bauchgrimmen vor dem Transport. Und unsere Sorge, wie Molly sich in das Leben auf dem Waldnerhof einfügen würde, war nicht geringer. Im vergangenen Dezember war sie noch ein halbes Baby gewesen, dessen kindliche Neugier vieles erleichtert hatte. Aber im letzten dreiviertel Jahr war sie erheblich reifer geworden, hatte einen deutlich erwachseneren Gesichtsausdruck bekommen und war auf ein für ihr Alter stattliches Stockmaß von 160 cm gewachsen. Wie würden wir miteinander auskommen?

Aber wie schon im Dezember sollte uns Molly mit ihrer Coolness und Abgeklärtheit überraschen.

Gleich nach dem Frühstück machten wir uns auf den Weg zum Josephihof. Ich hatte mir eine Woche Urlaub genommen, um bei dem großen Ereignis und Mollys ersten Tagen auf dem Waldnerhof hautnah dabei sein zu können. Wie üblich wurden wir von Frau Gebert bereits erwartet. Wir hatten gehofft, Molly wäre bereits am Vorabend in eine Box gebracht worden, so dass wir gleich mit dem Verladen hätten beginnen können. Frau Gebert erklärte uns aber, dass es besser sei, das Überraschungsmoment auszunutzen und die Pferde unmittelbar von der Weide kommend zu verladen.

Sie wies uns an, wo und wie wir unseren Pferdeanhänger positionieren sollten, während sie mit zwei Pflegern Molly und eine der Cousinen, die an diesem Tag ebenfalls abgeholt wurde, von der Weide holte. Wir sollten rückwärts so weit an ein Stalltor mit zwei Schiebetüren heranfahren, dass der Hänger einige Zentimeter in den Stallgang hineinragte. Nachdem die Schiebetüren beidseits an den Hänger herangeschoben waren, ergab sich so eine Wand, die Molly beim Einsteigen keine Möglichkeit zum Ausweichen bieten würde. Zudem würde das Licht, das durch die geöffnete Tür am vorderen Ende des Hängers fiel, Molly die Richtung weisen.

Als die beiden Helfer mit Molly und der Cousine von der Weide kamen, weigerte sich die Cousine, das Stallgebäude zu betreten. „Nein, in dieses dunkle Loch gehe ich nicht", schien sie sagen zu wollen. Nachdem es auch im zweiten Anlauf nicht geklappt hatte, machten wir den Vorschlag, Molly vorauszuführen, da sie Ställe von ihrem Dezember-Intermezzo auf dem Waldnerhof ja schon kannte und zumindest dort beim Betreten des Stallgebäudes nie Schwierigkeiten gemacht hatte. Souverän schritt unsere Kleine voran, woraufhin auch die Cousine ihre Scheu überwand und ihr folgte. Es ist immer wieder erstaunlich, wozu Pferde bereit sind, wenn sie eine Führungspersönlichkeit in ihrer Nähe wissen, der sie ihr volles Vertrauen schenken, sei es ein Mensch oder wie in diesem Fall ein anderes Pferd.

Die beiden wurden in vorbereitete Boxen gebracht, da zunächst ja nur Molly verladen werden sollte. Als Verladehilfe stand schon ein Eimer mit Hafer bereit. Für Molly, die es gewohnt war, sich im Sommer nur von selbstgepflücktem Grünfutter zu ernähren, eine wahre Leckerei. Entsprechend bereitwillig lief sie dem Futtereimer hinterher und stieg ohne größeres Zögern in den Hänger ein. Nachdem die Sicherungsstange eingehängt war, machte Frau Gebert sie vorne an einem Haltestrick fest. Dann spritzte sie ihr noch ein leichtes Beruhigungsmittel ins Maul, damit Molly den für sie aufregenden Transport unbeschadet überstehen würde.

Nach einem letzten Dankeschön an Frau Gebert für die spontane Aufnahme und die gute Betreuung unserer Kleinen in den vergangenen Jahren machten wir uns auf den Weg. Noch bevor wir die Hauptstraße erreicht hatten, begann das Beruhigungsmittel zu wirken, und Molly stand vollkommen ruhig im Hänger.

Nach einer Gott sei Dank ereignisarmen Fahrt auf dem Waldnerhof angekommen, führten wir Molly in die für sie vorbereitete Box, die schräg gegenüber jener Box lag, in der sie drei Jahre zuvor das Licht der Welt erblickt hatte.

Zunächst ließen wir die Tür zum Paddock noch verschlossen. Molly sollte sich erst einmal in aller

Ruhe von den Strapazen der Fahrt erholen und in der neuen Umgebung eingewöhnen. Die beiden Wallache, die die Nachbarboxen bewohnten, beides wirklich liebe Pferde, beäugten Molly bereits neugierig und begrüßten sie mit freundlichem Blubbern, einem leisen Vor-sich-hin-Wiehern in tiefer Stimmlage.

Molly inspizierte ihre Box in aller Ruhe. Und, obgleich es nicht den Anschein machte, dass sie ihre Geburtsstätte wiedererkannte, fremdelte sie keinen Augenblick. Sie bewegte und verhielt sich so entspannt, als sei sie hier schon immer zu Hause gewesen. Wenn wir zu ihr in die Box traten, kam sie freudig zu uns und ließ sich streicheln. Da sie es immer geliebt hatte, geputzt zu werden, beschloss ich, Striegel und Bürste zu holen und sie zu putzen.

Molly genoss die Aufmerksamkeit. Sie ließ mich auch gewähren, als ich die Haarbürste hervorholte, die ich vorsichtshalber ebenfalls mitgebracht hatte. Bei Mollys Mähne hatte ich noch Erfolg. Sie war nicht allzu schlimm verklebt und ließ sich ohne großen Aufwand in einen halbwegs ansehnlichen Zustand bringen. Der Schweif war jedoch eine Herausforderung, der ich an diesem Tag noch nicht gewachsen war. Manch Rastafari hätte Molly um die Dreadlocks beneidet, die sich über den Sommer auf der Weide gebildet hatten. Hier half nur noch eine Schere. Aber das sollte noch Zeit haben.

Nachdem Molly in der Box einen ruhigen Eindruck machte, öffneten wir die Tür zum Paddock, der ihr allerdings zunächst noch unheimlich zu sein schien, denn sie blieb, wo sie war. Da ich vermutete, dass es nicht um den Paddock als solchen ging, sondern um das Überschreiten der Schwelle, setzte ich mich mit ein paar Leckerli in etwa einem Meter Entfernung von der Boxentür in den Außenbereich. Wie erwartet kam Molly zu mir, streckte Kopf und Hals heraus, blieb aber mit den Füßen in der Box stehen. Ich streichelte sie, sprach sanft auf sie ein und gab ihr ein Leckerli. Dann setzte ich mich etwas weiter von der Boxentür weg, so dass sie einen ersten Schritt auf den Paddock machen musste, wenn sie das nächste Leckerli haben wollte. An ihrem Schnorcheln, einem geräuschvollen Ein- und Ausatmen, das an Schnarchen erinnert, erkannte ich, dass ihr die Situation nicht besonders angenehm war. Aber sie ging nicht zurück in die Box, sondern blieb bei mir. Und nach nicht einmal einer Minute fasste sie sich schließlich ein Herz und setzte den ersten Fuß über die Schwelle. Natürlich ließ ich sofort ein Leckerli folgen. Es dauerte nicht lange, bis Molly mit allen vier Füßen auf dem Paddock stand.

Nun konnte sie sich ihren beiden Nachbarn persönlich vorstellen. Beide Wallache waren hellauf von ihr begeistert und begrüßten sie sehr freundlich. Obgleich sie zunächst zu Manfred gegangen war, machte der größere und stattlichere Carlos offensichtlich doch mehr Eindruck auf Molly, denn den Rest des Tages stand sie meist bei ihm und ließ sich hingebungsvoll an Hals und Kopf und vor allem an den Nüstern beschnuppern.

Carlos' Begeisterung für Molly hatte bemerkenswerterweise auch Auswirkungen auf sein Verhalten mir gegenüber. War er früher eher scheu gewesen

131

und zurückgewichen, wenn ich an seiner Box vorüberging, so wurde ich nun freundlich blubbernd von ihm begrüßt. Ja, er ließ sich von mir sogar streicheln. Es ist halt immer vorteilhaft, sich mit dem „Papa" der neuen Flamme gut zu stellen.

Wenige Wochen später wurde neben Macy eine Box frei und wir nutzten diese Gelegenheit, um unsere beiden Mädels zusammenzuführen. Seit dem Vorschulaufenthalt wussten wir zwar, dass Macy und Molly sich nicht mehr als Mutter und Tochter erkannten. Macy hatte aber mittlerweile verstanden, dass Molly nun zu unserer und damit auch zu ihrer Herde gehörte. Und wie sie es noch mit jedem Pflegepferd getan hat, das wir während der Urlaubsabwesenheit seiner Besitzer in unsere Obhut genommen haben, fühlte sie, die geborene Leitstute, sich sehr schnell auch für dieses neue Herdenmitglied verantwortlich. Es ist rührend, zu sehen, wie liebevoll die beiden seitdem miteinander umgehen. Häufig können wir sie bei der gegenseitigen Fellpflege beobachten. Wenn sie auch nichts mehr von ihrer engen Verwandtschaft wissen, so können sie sich zumindest gut riechen.

Die Zeit auf der Weide hatte Molly nicht gerade eine Top-Figur beschert. Wie es nicht anders zu erwarten gewesen war, hatte sie einen dicken runden Grasbauch. Das trug uns im Hinblick auf Mollys Geschichte allerhand frotzelnde Bemerkungen ein. Bartek, der Pferdepfleger, der Molly damals gefunden hatte, brachte es mit seinem inzwischen sehr ansehnlichen Deutsch auf den Punkt: „Ist da 'was drin?", fragte er.

Und in der Tat! Vergleicht man Fotos von Macy kurz vor der Niederkunft mit Aufnahmen der frisch vom Josephihof zurückgekehrten Molly, so kommt man nicht umhin, festzustellen, dass Macy sogar im hochträchtigen Zustand schlanker gewesen war.

Die Sache mit dem Grasbauch sollte sich aber durch die Ernährungsumstellung und das beginnende Training schnell geben.

Wir waren heilfroh, dass Molly den Umzug vom Josephihof zum Waldnerhof gut überstanden hatte. Aber das war ja nur der erste Schritt gewesen. Wenn wir an die vielen weiteren Schritte dachten, die noch vor uns lagen, kam in uns etwas Lampenfieber auf. Hoffentlich würde sich Molly beim Anreiten ebenso kooperativ zeigen, wie sie es während des Vorschulaufenthalts bei allen Übungen getan hatte. Was wäre, wenn Jodie das Handtuch werfen würde, weil sich Molly unter dem Sattel als bockendes Rodeopferd entpuppte?

Aber Jodie beruhigte uns. Sie habe es noch nie erlebt, dass ein im Umgang am Boden so freundliches und gelehriges Pferd, wie Molly es sei, sein Verhalten unter dem Sattel vollständig umgekrempelt und sich wie ein Teufel benommen habe. Daher sei sie mehr als zuversichtlich, dass alles gut werde. Wir hofften inständig, dass Jodie Recht behalten würde.

## Unsere Erziehungsgrundsätze

Mit Mollys Einzug auf dem Waldnerhof begann für uns eine intensive, aber auch sehr spannende Zeit des Zusammenlebens mit diesem uns vom Schicksal anvertrauten Wesen, mussten wir ihr doch, natürlich stets unter Jodies fachkundiger Anleitung und Mithilfe, von Grund auf beibringen, was es bedeutete, ein Reitpferd zu sein. Es war für Molly schon eine gewaltige Umstellung, nicht mehr als Wildpferd auf einer großen Weide einfach so in den Tag hineinzuleben, sondern in einem Reitstall untergebracht zu sein und gewisse Pflichten erfüllen zu müssen.

Die Erziehung, die wir Molly angedeihen ließen, beruhte auf drei sehr einfachen Grundsätzen:

1)   Sei konsequent, aber liebevoll!
2)   Mach ihr klar, dass Du den größeren Dickkopf hast!
3)   Fordere, aber überfordere sie nicht!

Nicht selten fällt im Zusammenhang mit der Erziehung von Vierbeinern der Begriff „Strenge". Ich finde aber, dass Strenge nicht das trifft, worauf es ankommt, denn Strenge wird allzu oft mit Härte und Bestrafung gleichgesetzt. Härte und Bestrafung führen bei der Erziehung von nicht vernunftbegabten Wesen, wie es Pferde und andere Vierbeiner nun mal sind, jedoch allenfalls zu einem Gehorsam aus Angst, niemals aber zu freudiger Mitarbeit.

„Konsequenz" umschreibt das, worauf es ankommt, viel besser. Wichtig ist mir vor allem, dass der Begriff „Konsequenz" auch Freiräume zulässt, innerhalb derer die Tiere ihre eigenen Entscheidungen nicht nur treffen dürfen, sondern dies auch sollen. Erst dann, wenn sie die Grenzen dieser Freiräume überschreiten, muss der Mensch ihnen Einhalt gebieten. Und selbstverständlich ist es auch der Mensch, der bestimmt, wo die Grenzen verlaufen, sei es aus Gründen der Sicherheit oder als Voraussetzung für die gemeinsame Arbeit. Er sollte ihren Verlauf aber verantwortungsvoll und vor allem nicht zu eng wählen. Es war Martina und mir immer wichtig, dass unsere Pferde ihre eigenständige Persönlichkeit behalten und nicht einfach nur wie lebende Maschinen funktionieren. Und dieses Ziel haben wir durch das bewusste Belassen von Freiräumen stets gefördert.

Jedes unserer Pferde hat seinen eigenen Charakter. Bei all ihren Eigenheiten ist ihnen aber eines gemeinsam: Sie wissen genau, wo die Grenze verläuft, ab der wir das Kommando übernehmen. Und sie akzeptieren das mit einer großen Selbstverständlichkeit. Natürlich stellen sie uns hin und wieder auf die Probe. Könnte ja sein, dass wir es an dem einen oder anderen Tag vielleicht doch etwas lockerer angehen lassen? Dieses Austesten hat jedoch nicht das Geringste mit Widersetzlichkeit zu tun. Es gehört vielmehr zum ganz natürlichen Verhalten von Pferden, dem ständigen Überprüfen der Rangordnung innerhalb der Herde, wie wir es bei jedem unserer Besuche auf dem Josephihof beobachtet hatten. Wir müssten uns also eher um die geistige Gesundheit unserer Pferde Sorgen machen, wenn sie uns nicht immer wieder auf die Probe stellen würden. Zudem halten sich ihre Grenzüberschreitungen stets im Rahmen, weil sie ja eigentlich ganz genau wissen, wo Schluss ist mit lustig. Und wenn man dann ein- oder zweimal wieder etwas konsequenter reagiert, laufen sie in null Komma nichts wieder in der Spur.

Für das „Nein" beim Überschreiten einer Grenze gibt es nicht die eine Antwort, die für jeden Fall passt. In einer Herde lebende Pferde haben untereinander ja auch ein ganzes Repertoire an möglichen Reaktionen. Das reicht vom einfachen Ohrenanlegen über ein kleines Zwicken bis hin zum massiven Ausschlagen mit der Hinterhand. Dazwischen gibt es zudem eine große Anzahl von Abstufungen, eine schnelle Bewegung auf das andere Pferd zu, ein Wegdrücken mit dem Körper oder einen angedeuteten Hinterhandkick.

Das haben wir uns von den Pferden abgeschaut und uns ebenfalls ein Repertoire an möglichen Reaktionen zurechtgelegt. Bei mir sind dies beispielsweise ein Stimmkommando, ein schneller Schritt auf das Pferd zu in aufgerichteter Körperhaltung, ein Klaps mit dem Handrücken vor die Brust oder ein Wegstoßen mit beiden Händen. Es kommt gar nicht so sehr darauf an, wie die Reaktion genau aussieht. Da kann man durchaus erfinderisch sein. Es ist auch nicht schlimm, dass der Mensch andere Verhaltensweisen an den Tag legt, als Pferde untereinander. Pferde stellen sich sehr schnell auf das jeweilige Gegenüber ein.

Neben dem Hund ist das Pferd diejenige vom Menschen domestizierte Tierart, die seine Körpersprache und seine Mimik am besten lesen kann.

Eines ist mir allerdings wichtig: Ich arbeite immer nur mit meinem Körper. Diese Art der Zurechtweisung nehmen Pferde am besten an, weil sie unmittelbar und ohne Zeitverzögerung kommt und der Reaktion, die sie von ihren Artgenossen gewöhnt sind, am ähnlichsten ist.

Den Einsatz von Hilfsmitteln lehne ich grundsätzlich ab, auch wenn für mich die Abgrenzung zwischen einer akzeptablen körperlichen Zurechtweisung einerseits und einem abzulehnenden Züchtigen oder gar Verprügeln andererseits weniger im Einsatz von Schlaginstrumenten besteht, als in der inneren Einstellung des Menschen. Sobald dieser aus Frustration oder gar aus Wut handelt, wird er überreagieren und unbeherrscht auf das Pferd einprügeln, auch ohne Schlaginstrument. Das Tier wird den Grund dieser überzogenen Reaktion nicht begreifen und daher aus Angst vor dem Peiniger und nicht aus Respekt vor dem Ranghöheren reagieren. Für das weitere Miteinander von Mensch und Pferd hat das enorme Folgen. Das Pferd verliert das Vertrauen zu dem so wenig souverän handelnden Menschen, denn bei Pferden gilt der einfache Grundsatz „Wer ausflippt, hat Unrecht!" Letztendlich hat sich der Mensch einen Bärendienst erwiesen. Er sinkt in der Achtung des Pferdes und braucht nicht zu hoffen, dass es ihm beim nächsten Aufeinandertreffen wieder mit Zutrauen begegnen wird. Eine einzige unkontrollierte Aktion kann die Arbeit vieler Wochen, wenn nicht gar Monate zunichtemachen.

Bevor man in den Stall geht, tut man also gut daran, alle Probleme und allen Ärger aus Beruf, Familie, Freundeskreis, Nachbarschaft, Verein usw. abzulegen oder zumindest beiseite zu schieben. Das fiel mir anfangs nicht ganz leicht, aber nach und nach habe ich gelernt, innerhalb weniger Minuten herunterzufahren. Ich war verblüfft, welchen Einfluss dies auf meine Arbeit mit unseren Pferden hatte. Und ich bin immer wieder erstaunt, welch erholsame Wirkung die Zeit bei den Pferden auf mich hat. Natürlich löst sie die Probleme nicht, die mich außerhalb des Stalles beschäftigen, aber sie verschafft mir eine Auszeit von ihnen. Und Probleme, die zuvor noch unbewältigbar zu sein schienen, haben danach nicht selten ihren Schrecken verloren.

Genauso wichtig wie die konsequente und angemessene Reaktion auf jede Grenzüberschreitung aus einer souveränen, insbesondere ruhigen Haltung heraus ist es, dann, wenn das Pferd auf die Zurechtweisung reagiert hat, sofort wieder in den „Kuschelmodus" umzuschalten, das Pferd zu loben, sei es mit Worten in einer angenehmen Stimmfarbe oder durch Tätscheln und Streicheln. Pferde sind nun mal nicht vernunftbegabt. Sie können nicht begreifen, warum man eine bestimmte Handlung von ihnen fordert. Sie können nur aus häufiger Wiederholung lernen: „Ah, das will er von mir, wenn er das und das sagt!" Und dieses Lernen wird ihnen durch die positive Verstärkung eines Lobs viel besser ermöglicht als durch ein genervtes „Na endlich!"

Außerdem ist es immens wichtig, dem Pferd die Möglichkeit zu geben, etwas richtig zu machen. Das mag komisch klingen. Aber man nimmt ihm diese Möglichkeit, wenn man in der Angst, es könne etwas falsch machen, immer schon eingreift, bevor es überhaupt etwas getan hat. Fehler gehören schließlich dazu. Man korrigiert sie einfach mit liebevoller Konsequenz und kehrt anschließend zur Tagesordnung zurück, als sei nichts gewesen. Auch aus der Korrektur kann das Pferd nämlich etwas lernen, und zwar, wo genau die Grenze zwischen richtig und falsch verläuft, zwischen erlaubt und nicht erlaubt. Hat das Pferd aber von sich aus etwas richtig gemacht, dann kann man dieses korrekte Verhalten durch viel Lob festigen.

Von Leckerlis halte ich persönlich in diesem Zusammenhang nichts. Sie bergen in meinen Augen die Gefahr, dass man von seinem Pferd über kurz oder lang nur noch als Futterautomat angesehen wird. Der Einsatz von Leckerlis kann aber dann durchaus sinnvoll sein, wenn man ein Pferd zum ersten Mal mit einer neuen, vermeintlich gefährlichen Situation konfrontiert. In diesem Fall dienen sie dazu, den Wunsch nach Fressen dazu zu nutzen, um eine möglicherweise aufkeimende Furcht, die einen Fluchtreflex und damit ein Zurückweichen auslösen könnte, zu unterdrücken. Man muss nur schnell genug sein, bevor die Angst die Oberhand gewinnt.

Man sollte aber nicht nur dann zu seinem Pferd liebevoll sein, wenn es etwas richtig gemacht hat. Liebe und Zuneigung sind für alle in Sozialverbänden lebenden Wesen und somit auch für Pferde immens wichtig. In einer Sphäre der Geborgenheit wird auf einfache Weise eine gute Basis für Vertrauensbildung geschaffen.

Für mich ist das Begrüßungsritual besonders wichtig. Auch wenn wir es eilig haben, müssen die ein oder zwei Minuten, die es dauert, drin sein. Wenn mehr Zeit ist, darf die Begrüßung natürlich gerne auch etwas länger dauern. Ein paar Streichler über Kopf und Hals, ein bisschen Kraulen an den Ohren, und schon weiß ich, wie Molly aufgelegt ist. Ist sie zickig, beispielsweise weil sie gerade rosst, so werden an diesem Tag konsequentere Ansagen erforderlich sein. Macht sie hingegen einen ausgeglichenen Eindruck, so kann man es auch schon mal etwas lockerer angehen lassen. „Lockerer" heißt aber nicht „nachlässiger". An „ausgeglichenen" Tagen kann die Reaktion auf den Versuch einer Grenzüberschreitung aber durchaus eine Stufe niedriger angesetzt werden als an „zickigen" Tagen.

Auch Molly scheint unser Begrüßungsritual zu genießen, denn sie legt mir regelmäßig ihr Maul auf die linke Schulter, presst ihre linke Nüster gegen mein Ohr, saugt meinen Geruch tief ein und verweilt einige Momente in dieser Haltung. Und es kommt auch vor, dass sie ihren Kopf seitlich gegen meine Brust legt und es zulässt, dass ich ihn in die Arme nehme und leicht an mich drücke. Es kann durchaus sein, dass sie das nur deshalb tut, weil sie gelernt hat, dass ich diesen sanften Körperkontakt mag. Aber würde das nicht bedeuten, dass auch sie das Bedürfnis hat, mir ihre Zuneigung zu zeigen?

Da Molly das Geputztwerden außerordentlich genießt, ist es eine wunderbare Gelegenheit, das „Sei konsequent, aber liebevoll!" schon vor dem Beginn der eigentlichen Arbeit praktisch zur Anwendung zu bringen. Aus Sicherheitsgründen fordern Martina und ich von unseren Pferden, dass sie mit ihren vier Füßen auf dem Boden stehen bleiben, sobald sie geputzt werden. Bei einem Pferd, das auf allen Vieren ruht, ist die Gefahr, von ihm gegen die Wand der Putzbox gedrückt oder getreten zu werden, deutlich geringer als bei einem Pferd, das nervös in der Putzbox hin und her hampelt. Außerdem haben Martina und ich unseren Pferden beigebracht, dass das Ende der Putzbox eine unsichtbare Linie darstellt, die auch im nicht angebundenen Zustand nur auf Kommando überschritten werden darf. Auf diese Weise kann man sich notfalls auch schon mal ein paar Schritte entfernen, ohne Gefahr zu laufen, dass das Pferd die Putzbox selbständig verlässt und sich unkontrolliert aus dem Staub macht.

Kommen wir zum zweiten Grundsatz: „Mach ihr klar, dass Du den größeren Dickkopf hast!"

Ein Mittel, das Pferde sehr gerne und erfolgreich einsetzen, ist ihr Gewicht. Und wenn sich eine halbe Tonne Lebendgewicht nicht vom Fleck bewegen will, dann tut sie das auch nicht. Da hat der Mensch rein körperlich auch nicht den Hauch einer Chance.

Gibt man in einer solchen Situation auf und sagt sich: „Na gut, dann halt heute nicht, probieren wir's morgen wieder", so verschafft man dem Pferd ein Erfolgserlebnis und bringt ihm bei, dass es sich durch simples Stehenbleiben dem Willen des Menschen entziehen kann. Das bedeutet aber auch, dass es die ranghöhere Position des Menschen in Frage stellt. Und wenn diese verloren geht, macht das Pferd über kurz oder lang auch in anderen Situationen, was es will. Man muss sich nichts vormachen. Dieser Autoritätsverlust ist hausgemacht. Der Mensch hat ihn sich voll und ganz selbst zuzuschreiben.

Viel schlimmer als der Autoritätsverlust als solcher ist die Tatsache, dass ein Pferd, das die ranghöhere Position des Menschen nicht akzeptiert, für den Menschen durchaus ein Sicherheitsrisiko darstellen kann, denn es wird im Zweifelsfall nicht zögern, den Menschen über den Haufen zu rennen. Als ranghöheres Tier geht es ohne bösen Willen ganz selbstverständlich davon aus, dass der rangniedere Mensch ihm aus dem Weg zu gehen hat.

Im Hinblick auf seine eigene Sicherheit tut der Mensch also gut daran, dem Pferd von Anfang an klarzumachen, dass es sinnlos ist, sich ihm zu widersetzen. Und hierzu ist es ein probates Mittel, dem Pferd am praktischen Beispiel zu zeigen, dass man der sturere Esel ist. Hat man das ein paar Mal erfolgreich durchexerziert, so werden seine Versuche, sich zu widersetzen, immer schwächer werden und schließlich vollständig aufhören.

Viele schwören darauf, solange am Führstrick zu ziehen, bis das Pferd endlich nachgibt. Ich persönlich habe mit dieser Methode allerdings keine guten Erfahrungen gemacht. Bei meinem Schimmelwallach Salt kann man hierdurch allenfalls erreichen, dass er hektisch rückwärts stürmt. Und Molly schaltet dann erst recht auf stur und schraubt die Füße noch tiefer in den Boden. Bei beiden hilft es viel besser, sich ganz ruhig neben sie zu stellen, also wieder die normale Führposition einzunehmen, und notfalls mit der Hand ins Halfter zu greifen, um etwas mehr Einwirkung zu haben. Bevor ich allerdings einen Impuls zum Vorwärtsgehen gebe, achte ich auf die Atmung des Pferdes, da diese ein gutes Indiz dafür ist, ob es nicht möglicherweise doch vor etwas Angst hat und sein Stehenbleiben gar nicht auf Sturheit beruht.

Molly hatte nie die Tendenz, vor einer ihr unangenehmen Situation wegzulaufen. Vielmehr blieb sie dann einfach wie angewurzelt stehen. Das gleiche tat sie aber auch, wenn sie einfach nicht wollte. Woher sollten wir also den Grund für ihr abruptes Stehenbleiben kennen? Molly verriet sich regelmäßig durch ihre Atmung. Wenn ihr eine Situation wirklich unangenehm war, begann sie, tief ein- und auszuatmen, wobei sich gelegentlich auch noch ein leises Schnorcheln dazugesellte. Mit sanften Worten und ein paar Streicheleinheiten konnte man Molly dann meist schnell davon überzeugen, dass ihr nichts geschehen würde, und sie zum Weitergehen überreden. Atmete

Molly hingegen gleichmäßig und ruhig, dann hatte das Ganze nichts mit Angst zu tun. Dann war sanfte, aber bestimmte Konsequenz gefragt, um sie davon zu überzeugen, dass ich sturer war als sie.

Bei einem Pferd, das aus Angst vor einem Gegenstand oder einem Geräusch stehen bleibt, obgleich der Mensch es begleitet, hat kurzfristig das Gefühl der Angst über das Vertrauen zum Menschen die Oberhand gewonnen. Es bringt daher nicht das Geringste, in dieser Situation hektisch oder unwirsch zu reagieren. Hierdurch wird der Vertrauensverlust nur noch verstärkt. Viel besser ist es, beruhigend mit dem Pferd zu reden und es zu streicheln. Sieht das Pferd, dass sein „Leittier" die Situation nicht als beängstigend empfindet, wird es sich zumindest soweit entspannen, dass es bereit sein wird, mit dem Menschen an der vermeintlichen Gefahr vorbeizugehen.

Manchmal hilft es auch, das Pferd ein paar Schritte rückwärtsgehen zu lassen, aber nicht als Bestrafung, sondern um es überhaupt wieder in Bewegung zu versetzen. Nach vorne war ja die Richtung, in die das Pferd nicht wollte. Daher wird es sich einfacher rückwärtsrichten lassen als vorwärts anzutreten. Ist es aber erst einmal wieder in Bewegung, so ist das „Umschalten" in eine Vorwärtsbewegung einfacher, als wenn man gleich aus dem Stand vorwärts gehen möchte.

Die Tatsache, dass Fohlen und Jungpferde wie alle Säugetier-Kinder von ihren Müttern durch Beobachten und Nachahmen lernen, führt uns zum dritten

Grundsatz. Die Kleinen sind von der Natur mit einer gehörigen Portion Neugier ausgestattet, und die kann man sich bei ihrer Erziehung und Ausbildung zunutze machen. Gleichzeitig muss man diese Neugier aber auch befriedigen. Unterforderte Pferde neigen nämlich dazu, auf dumme Gedanken zu kommen.

Die Art der Beschäftigung kann dabei ganz individuell auf das jeweilige Pferd abgestimmt werden. Anfänglich stürmen auf ein Jungpferd so viele neue Eindrücke ein, dass es keine oder nur wenig zusätzliche Reize braucht. Ja, ein Zuviel könnte sogar zu einer Überforderung führen. Mit zunehmender Gewöhnung an die neue Umgebung tut man aber gut daran, sich ein Programm für das Pferd zu überlegen.

Die Kunst besteht dabei darin, das richtige Maß zwischen Unterforderung und Überforderung zu treffen. Einerseits sollte man immer so viele Übungen parat haben, dass man das Pferd über den Punkt hinaus bringt, an dem es keine Lust mehr hat, mitzuarbeiten, weil es ihm zu anstrengend wird. Wie Menschen neigen nämlich auch Pferde dazu, es sich bequem zu machen. Selbstverständlich ist diese Grenze bei jedem Tier individuell verschieden. Aber auch bei Pferden, die schnell die Lust verlieren, kann man die Konzentrationsfähigkeit durch konsequentes Training verbessern. Den angesprochenen Punkt gilt es aber auch deshalb zu überschreiten, damit das Pferd lernt, dass es der Mensch ist, der bestimmt, wann mit dem Arbeiten aufgehört wird. Womit wir wieder beim Thema „Leittier" wären.

Andererseits darf man das Pferd aber auch nicht überfordern, da es sonst mit seinem Trainer und dem Training negative Erlebnisse verbindet und dauerhaft die Freude an der Arbeit mit dem Menschen verliert. Gerade bei einem Jungpferd braucht es nicht viel, um es zu überfordern. Meist reichen schon fünf bis zehn Minuten, um es an den Rand seiner Konzentrationsfähigkeit zu bringen.

Die Übungen können vielfältigster Art sein, je mehr Abwechslung desto besser. Natürlich sollten vorwiegend nützliche Dinge geübt werden. Beispielsweise sollte das Pferd lernen, sich auf den Menschen zu fokussieren. Eine Übung, die ich hierzu mit Molly regelmäßig machte und auch heute noch wiederhole, besteht darin, sie am durchhängenden Strick zu führen, also quasi ohne Verbindung zu ihr. Um mir folgen zu können, musste sich Molly auf meine Bewegungen konzentrieren. Nur so konnte sie erkennen, wann ich nach links oder rechts abbiegen oder gar stehen bleiben wollte. Ließ sie ihren Blick in der Gegend umherschweifen, zupfte ich leicht am Führstrick, um ihre Aufmerksamkeit zurückzufordern. In den allermeisten Fällen genügte das vollauf.

Auch Gelassenheitsübungen können zum Repertoire gehören. Und für besonders leistungsfreudige Pferde kann man sich auch noch ein paar Kunststücke überlegen, die keinem wirklichen Zweck dienen.

Auch bei Molly dauerten die Übungseinheiten anfänglich höchstens fünfzehn Minuten, wobei ihre Konzentrationsfähigkeit meist bereits nach zehn Minuten deutlich abnahm. Mit der Zeit gewann sie aber schnell an Kondition. Das Training machte ihr bald so viel Spaß, dass sie gelegentlich sogar quengelig wurde, wenn man ihr eine Pause gönnen wollte. Jodie meinte immer wieder: „Die ist so lernbegierig. Bei der hat man nie den Eindruck, dass sie mal keine Lust hat. Die krempelt in jeder Stunde am Anfang die Ärmel hoch und scheint ‚Was machen wir heute?' zu fragen."

## Salt

Ich bin beileibe kein Pferdeflüsterer. Niemals im Leben würde ich es mir zutrauen, einem völlig verunsicherten fremden Pferd innerhalb weniger Minuten so viel Halt zu geben, dass es beispielsweise wieder in einen Hänger einsteigt, geschweige denn ein Problempferd wieder reitbar zu machen. Aber durch strikte Beachtung der drei Regeln habe ich es auch als Otto Normalreiter geschafft, dass unsere Pferde und insbesondere Molly mich als Leittier akzeptieren. Dieser innige Zugang zu Pferden ist mir durchaus nicht in die Wiege gelegt worden.

Solange ich mich zurückerinnern kann, übten Tiere und der Umgang mit ihnen eine ganz besondere Faszination auf mich aus. Die größte Freude konnte man mir als Kind mit einem Tag im Zoo machen. Besonders die afrikanischen Großtiere hatten es mir angetan, allen voran die Elefanten. Ein Besuch bei ihnen durfte nie fehlen.

Später wurde meine Begeisterung für Tiere auch durch Bücher befeuert. Bernhard Grzimeks Buch *Serengeti darf nicht sterben* über den gemeinsamen Kampf mit seinem Sohn Michael für den Erhalt dieses einzigartigen Nationalparks im Norden Tansanias habe ich nicht nur einmal verschlungen. Wie gerne wäre ich mit den beiden in ihrem Zebraflugzeug über die Savanne geflogen, um die endlosen Herden von

Zebras, Gnus und Antilopen zu beobachten. Auch Joy Adamsons Bericht über ihr Zusammenleben mit der Löwin Elsa in ihrem Buch *Frei geboren* zog mich in seinen Bann. Allerdings konnte ich mich mit der Vorstellung einer hautnahen Begegnung mit einer Großkatze nie hundertprozentig anfreunden.

Wenn ich heute zurückblicke, ging meine Tierliebe damals aber nicht über eine unbedarfte kindliche Schwärmerei hinaus. So hätte ich wie viele meiner Freunde gerne einen Goldhamster gehabt. Und ich konnte nicht nachvollziehen, was meine Eltern gegen die Haltung eines einzelnen Tieres in einem engen Käfig einzuwenden hatten.

Meinem Wunsch nach einem Haustier muss ich schon als Dreikäsehoch deutlich Ausdruck verliehen haben. Denn, wenn ich den Erzählungen meiner Eltern glauben darf, hatte eine Stubenfliege namens Mausi die Ehre, mein erstes „Haustier" zu sein. Später kamen Kellerasseln und sonstiges Getier dazu, die ich in einem Einmachglas hielt, bevor ich sie nach ein paar Tagen wieder in die Freiheit entließ.

Im Alter von zehn Jahren hatten meine Eltern dann endlich ein Einsehen mit mir und kauften mir meinen ersten Hund, einen Boxer namens Filou. Schon die Auswahl der Rasse zeigt, dass meine Eltern über keine große Erfahrung mit Hunden verfügten. Boxer sind zwar einerseits kinderlieb, in ihnen steckt andererseits aber so viel Energie, dass es mit einfachem Gassigehen nicht getan ist. Mit Boxern muss jeden Tag gearbeitet werden. Für einen Anfänger keine leichte Aufgabe. Wir hatten wirklich Glück, dass wir mit Filou ein sehr gutmütiges Tier erwischt hatten. Andernfalls hätten wir aufgrund der permanenten Unterforderung massive Probleme mit ihm bekommen können. Ein Fall für den Hundetrainer Martin Rütter wären wir allemal gewesen. Möglicherweise war Filou aber auch von Anfang an körperlich eingeschränkt gewesen, denn im Alter von nur fünf Jahren brach er während eines Spaziergangs plötzlich und ohne Vorwarnung zusammen und verstarb. Da ich mit ihm alleine unterwegs war, konnte ich keine Hilfe holen, sondern lediglich versuchen, ihn durch eine Herzmassage zu reanimieren. Vergeblich. Als nach einer Ewigkeit endlich Hilfe kam, war Filou tot. Dieses traumatische Erlebnis verleidete mir das Thema „Haustier" erst einmal nachhaltig.

Woher meine besondere Schwäche für Pferde stammt, kann ich nicht mit Sicherheit sagen.

Möglicherweise wurden die ersten Wurzeln während eines Urlaubs auf dem Land gelegt. Ich freundete ich mich damals mit dem Dorfbäcker an, und meine Eltern erlaubten mir sogar, ihn zu begleiten, wenn er mit seinem Pferdegespann die Bauernhöfe der Gegend abfuhr, um sein Brot auszuliefern.

Richtig infiziert wurde ich dann aber wohl Ende der 1960er Jahre, als wir den ersten Fernseher bekamen. Die Cartwrights aus der Fernsehserie *Bonanza* waren meine Helden. Wie gerne wäre ich mit Little Joe, Hoss, Adam und ihrem Vater Ben durch die Prairie geritten. Logisch also, dass ich mir bald meine eigene Pferdeherde „zusammenfing", indem ich bei

Fernsehübertragungen von Reitturnieren akribisch die Namen der teilnehmenden Pferde, sowie deren Rasse, Alter und Farbe aufschrieb.

Als ich dann in das Alter kam, in dem ich Reitunterricht hätte nehmen können, ging das leider nicht, weil ich mir dummerweise bei einem Sturz beide Beine gebrochen hatte. Und nachdem die Brüche wieder verheilt waren, verstand es meine Mutter sehr geschickt, meine Gedanken auf Sportarten zu lenken, die ihrer Ansicht nach weniger riskant waren als das Reiten. So kam es, dass ich meine ersten Versuche im Sattel erst im Alter von etwa zwanzig Jahren unternahm. Allerdings merkte ich ziemlich schnell, dass ich mit einer einzigen Reitstunde pro Woche nicht weit kommen würde. Mehr konnte ich mir als Student aber nicht leisten, und so gab ich den Versuch, reiten zu lernen, zum Wohle der Pferde wieder auf.

Erst im Erwachsenenalter begann ich wieder damit und blieb dann auch dabei. Offensichtlich stellte ich mich nicht ganz ungeschickt an, denn als nach etwa einem Jahr ein fünfjähriger Schimmelwallach auf den Hof kam, der zum Verkauf stand, wurde ich mit ihm verkuppelt. Ich war zwar skeptisch, ob es wirklich vernünftig war, dass sich ein Greenhorn, wie ich es damals war, ein erst fünfjähriges Pferd kaufte. Und objektiv gesehen ist es auch die größte Dummheit, die man als Reitanfänger begehen kann. Nicht nur für das Radfahren gilt, dass man es am besten auf einem alten Drahtesel lernt. Aber der Stallbesitzer, der Salt, wie der Schimmelwallach hieß, in seine Obhut genommen hatte, versicherte mir, dass Salt ein sehr braves Pferd sei und gut zu mir passe. Auch von seiner Größe her sei er ein perfektes Männerpferd. Nachdem ich in dem vorangegangenen Jahr die Erfahrung gemacht hatte, dass dieser Stallbesitzer sehr viel von Pferden verstand, und ich ihn nicht als jemanden kennengelernt hatte, der Leuten nur des Geldes wegen ein Pferd aufschwatzt, stimmte ich dem Handel schließlich zu.

Ich sollte nicht enttäuscht werden. Salt war brav und zuverlässig. Nie gab es gefährliche Situationen, nie stürmte er davon oder buckelte. Dafür konnte er auf der Koppel umso mehr die „Sau rauslassen", mit allen Vieren in die Luft springen und bocken wie ein Teufel. In seinen besten Jahren brachte Salt es sogar fertig, sich zur sogenannten Pesade kerzengerade auf die Hinterfüße zu stellen, um sich die Welt für ein paar Sekunden von oben anzusehen. Ein wahrhaft imponierender Anblick. Aber er hätte nicht im Traum daran gedacht, dies an der Hand oder gar unter dem Sattel zu versuchen.

Auch heute im hohen Alter ist Salt immer noch eine prächtige Erscheinung und sehr fotogen. Väterlicherseits hat er einen starken Trakehner-Einschlag in seinem Stammbaum. Von diesen Vorfahren hat er eine trockene Kopfform mit klaren Linien geerbt, die im Gegenlicht oder vor dunklem Hintergrund sehr gut zur Geltung gebracht werden kann, vor allem dann, wenn er dazu auch noch seinen Hals hengstig aufstellt. Seinen Augen sieht man aber auch auf solch imponierenden Fotos an, dass er eine Seele von einem Pferd ist.

Als ich mich sattelfest genug fühlte, verlegte ich mich aufs Ausreiten. In der kleinen Reithalle waren mir außerhalb der Schulreitstunden immer zu viele Reiter auf einmal unterwegs. Stets musste ich aufpassen, dass ich nicht andere behinderte. Und das, wo ich mit mir und meinen reiterlichen Defiziten doch schon genug beschäftigt war. Zudem luden die Wälder, Wiesen und Felder in der Umgebung förmlich zum Ausreiten ein.

Besonders im Frühling und im Herbst hatten es mir die frühen Morgenstunden angetan, wenn die ersten Strahlen der aufgehenden Sonne die vom Tau bedeckten Wiesen allmählich zum Dampfen brachten, und sich das Licht in den über den Wiesen hängenden Nebelschwaden brach. Meist schwebten sie in so geringer Höhe, dass ich im Sattel den Kopf bereits „über den Wolken" hatte. Um diese Zeit war außer Salt und mir noch niemand unterwegs. Nur Vogelgezwitscher und das leise Rauschen des Windes in den Blättern der Baumwipfel war zu hören. Eine unglaubliche Stimmung.

Salt und ich genossen unsere gemeinsamen Touren. Eine der Routen führte durch einen Bach. Die Furt war etwa knietief. Das war Salts Lieblingsstelle. Hier machten wir immer eine kurze Rast. Gemächlichen Schritts ritt ich durch die Furt, um den Untergrund nach Unrat abzusuchen, an dem sich Salt hätte verletzen können. Dann durfte Salt trinken, was er meist mit einem kräftigen Planschen mit den Vorderbeinen abschloss. Mir war geraten worden aufzupassen, dass

Salt sich nicht mit mir im Sattel in die Furt legte, um ein Bad zu nehmen, aber er machte kein einziges Mal Anstalten in dieser Richtung. Wenn er fertig geplanscht hatte, verließen wir die Furt wieder in die Richtung, aus der wir gekommen waren. Salt wusste genau, was nun kam, und wurde unter mir immer aufgeregter. Nach etwa fünfzig Metern machten wir kehrt, und ich ließ ihn im gestreckten Galopp durch die Furt preschen, dass das Wasser nur so zur Seite spritzte. Salt liebte es. Nach der Furt verlangsamte er von ganz alleine das Tempo, und wir ritten gemütlichen Schritts weiter.

Obgleich ich mit Salt grundsätzlich sehr gut zurechtkam, gab es doch gelegentlich Situationen, in denen er plötzlich vor etwas scheute und sich weigerte, auch nur einen Schritt weiterzugehen. Die Anlässe waren aus menschlicher Sicht meist nichtig. Ein von einem Bauern am Wegesrand abgestellter Ladewagen konnte schon ausreichen. In solchen Fällen kam es durchaus vor, dass Salt auf der Hinterhand umkehrte und zwei, drei Galoppsprünge in die Richtung machte, aus der wir gekommen waren. Da er dabei nicht durchging und im gestreckten Galopp davonschoss, wie ich es bei einem Fluchttier erwartet hätte, hielt ich seine Reaktion für Ungehorsam und reagierte, aus meiner heutigen Sicht ungerecht, entsprechend heftig. Es hätte mir zu denken geben müssen, dass er sich von mir, nachdem ich abgestiegen war, meist anstandslos an dem jeweiligen Hindernis vorbeiführen ließ. Soweit, dass ich verstanden hätte, dass es für Salt einen Unterschied machte, ob ich ihn führte oder in seinem Sattel saß, dass er mir zwar am Boden vertraute, im Sattel aber eben nicht zu hundert Prozent, war ich damals noch nicht.

Nachdem ich Martina kennengelernt hatte, wurde Salt auch von ihr geritten. Sie hatte sehr viel Erfahrung mit Pferden, war von Kindesbeinen an mit ihnen groß geworden und hatte ihr letztes Pferd erst vor kurzem durch eine Kolik verloren. Schnell hatte sie Salt in ihr Herz geschlossen. Aber sie kam mit ihm im Sattel nicht wirklich gut zurecht. Wir konnten uns das nicht erklären, war sie doch eine routinierte Reiterin. Die Erklärung lieferte uns erst unser Trainer. Jürgen stellte fest, dass Salt Martinas Hilfengebung nicht verstand, weil sie diese korrekt gab. Salt verstand aber nur meinen kruden Hilfendialekt, den ich mir bei der Buschreiterei angewöhnt hatte. Kaum hatte Jürgen Salt und mir das Hilfenhochdeutsch beigebracht, kam auch Martina hervorragend mit ihm zurecht.

Durch die Fortschritte angespornt, die ich aufgrund Jürgens Unterricht machte, erwachte in mir der Ehrgeiz. Doch leider ging dieser Schuss gründlich nach hinten los. Wie viele spätberufene Reiter erlag ich dem Fehler, viel zu verkopft und damit zu verkrampft an die Sache heranzugehen und zu meinen, den Mangel an Stunden im Sattel durch Wissen ausgleichen zu können, das ich mir aus schlauen Büchern aneignete.

Zugegebenermaßen gibt es viele Bereiche, in denen angelesenes Wissen sehr hilfreich sein kann, beispielsweise, was die Haltung und Ernährung von Pferden betrifft. Auch über Pferdekrankheiten kann man aus Büchern viel lernen. Aber mit all den sicher richtigen Erklärungen über Durchlässigkeit, Losgelassenheit, Anlehnung, Versammlung und wie die Begriffe alle heißen, die man in Büchern findet, konnte der Reitanfänger Michl erst einmal herzlich wenig anfangen. Denn diese Bücher waren in einer Terminologie geschrieben, die nur der fortgeschrittene Reiter versteht, der die sprichwörtliche Harmonie zwischen Ross und Reiter schon einmal erleben durfte.

Hinzu kommt, dass es bei der Hilfengebung, also dem Einwirken auf das Pferd durch mit dem Körper gegebene Signale, den Gewichts-, Schenkel- und Zügelhilfen, praktisch nicht auf das Großhirn ankommt, also jenen Teil unseres Gehirns, mit dem wir Überlegungen anstellen und rationale Entscheidungen treffen. Muss man über eine Reaktion auf ein bestimmtes Verhalten des Pferdes erst nachdenken, so kommt die korrigierende Hilfe definitiv zu spät. Reiten muss fast ausschließlich über im Kleinhirn „fest verdrahtete" und damit unbewusst ablaufende Prozesse gesteuert werden, wenn es gelingen soll.

Gelegentlich hört man Sätze wie: „Ich habe an den Galopp nur denken müssen und schon ist mein Pferd angaloppiert." Wie kann das sein? Hatte das Pferd telepathische Fähigkeiten? Wohl kaum. Viel wahrscheinlicher ist, dass allein der Gedanke des Großhirns an den Galopp das Kleinhirn dazu veranlasst hat, die für die Hilfengebung beim Angaloppieren verantwortlichen Muskeln geringfügig zu aktivieren.

Diese Hilfengebung, die dem Reiter selbst gar nicht bewusst geworden ist, hat das Pferd jedoch wahrgenommen und folgsam reagiert. Und dafür braucht es noch nicht einmal ein besonders feinfühlig ausgebildetes Pferd.

Wirkliches Reiten findet also überwiegend im Kleinhirn statt, dem für das Erlernen und Steuern von Bewegungsabläufen, für die Koordination und Feinabstimmung unserer Motorik verantwortlichen Teil unseres Gehirns. Das ist auch der Grund, warum ich mir als Erwachsener sehr viel schwerer damit tat, das Reiten zu erlernen, als Jugendliche und vor allem Kinder. Der Vorgang der „Verdrahtung" von Bewegungsabläufen läuft beim Erwachsenen deutlich langsamer ab und braucht eine sehr viel größere Zahl von Wiederholungen als im bedeutend lernfähigeren und formbareren Kleinhirn eines Kindes.

Einer meiner Reitlehrer sagte einmal zu mir: „Von Reiten kann man frühestens nach zehn Jahren sprechen." Ich kann mich an diesen Satz sehr gut erinnern, weil ich nicht sofort verstand, was er mir hatte sagen wollen ... außer natürlich, dass bei meinen reiterlichen Fähigkeiten noch ordentlich Luft nach oben war. Den tieferen Sinn seiner Worte habe ich erst viel später erfasst, nämlich als ich das erste Mal eine unglaubliche Harmonie zwischen Salt und mir spürte, wenn auch nur für wenige Sekunden. Das war etwas mehr als zehn Jahre, nachdem ich zum ersten Mal in seinem Sattel gesessen hatte. Zu verdanken hatte ich dieses Erlebnis wiederum Jürgen.

Auch wenn ich nie den Drang verspürt habe, mich mit anderen Reitern auf Turnieren zu messen, hatte ich doch den Ehrgeiz, trotz meines Alters noch halbwegs vernünftig reiten zu lernen. Es gab für mich dabei immer nur drei Instanzen, die zählten, Salt, Jürgen und mich. Und häufig wäre es besser gewesen, wenn ich es bei Salt und Jürgen belassen hätte. Zu oft war ich zu ehrgeizig, verkrampfte, schoss über das Ziel hinaus. Immer wieder war ich im Reitunterricht mit der Ausführung einer Lektion nicht zufrieden, obgleich Jürgen mich gelobt hatte. Die meisten Trainer hätten mir den Bettel nach dem zweiten oder dritten Mal hingeschmissen.

Nicht so Jürgen! Er wählte eine völlig andere Taktik. Wenn ich früh morgens mit Salt zum Unterricht antrat, stand meine Tasse Kaffee schon auf der Bande. Immer wieder unterbrach Jürgen den Unterricht und forderte mich auf, einen Schluck zu nehmen. „Damit er nicht kalt wird." Und dann erzählte er mir entweder einen Witz oder wir sprachen über die letzten Lektionen. Auf diese Weise erreichte er, dass ich mental locker blieb, und ermöglichte mir, auch kleine Teilerfolge wahrzunehmen.

Nach einiger Zeit merkte ich, wie Salt nun auch im Sattel immer mehr Vertrauen zu mir fasste. Das lag sicher vor allem daran, dass ich ein angenehmerer Reiter wurde, der sich auf das Training freute und nicht schon vorher in Erwartung des nächsten vermeintlichen Rückschlags mieser Laune war.

Ein ganz besonderes Highlight waren für mich dabei die Momente, in denen ich das Gefühl hatte, dass

Salt unter mir in eine Art Trance verfiel, in der er sich mir voll und ganz anvertraute, nur noch auf meine Hilfen achtete, seine eigene Wahrnehmung der Umgebung aber eingestellt zu haben schien. Manchmal hatte ich sogar den Eindruck, Salt gönne sich während des Laufens ein kleines Nickerchen. Auch meine Hilfengebung war in diesen Momenten auf ein Minimum reduziert. Fast schien es mir, als lenkte ich Salt allein durch die Kraft meiner Gedanken. Ein unbeschreibliches beglückendes Gefühl! Leider reichte mein reiterliches Vermögen immer noch nicht aus, um diese Momente bewusst herbeiführen zu können. Aber sie stellten sich immer öfter ein.

Die Zusammenarbeit von Jürgen und mir wurde leider abrupt beendet, als bei Salt ein sehr schwerer Herzfehler diagnostiziert wurde.

Nach einer Kolik, die er Gott sei Dank ohne Operation überstanden hatte, wurden bei einer Nachuntersuchung Herzgeräusche festgestellt. Die behandelnde Tierärztin riet uns, die Sache in einer Pferdeklinik durch eine Ultraschalluntersuchung abklären zu lassen. Sie habe leider kein mobiles Gerät, so dass sie die Untersuchung nicht selbst durchführen könne.

Als wir Salt zu dem vereinbarten Termin bringen wollten, machte er uns einen dicken Strich durch die Rechnung. Obgleich er sich zügig hatte verladen lassen, begann er im Hänger zu toben, sobald wir den Waldnerhof verlassen hatten. Er trampelte und schlug so heftig gegen die Bordwand, dass wir schließlich

aufgeben mussten und unverrichteter Dinge zurück-
kehrten.

Somit blieben uns nur zwei Möglichkeiten. Entweder wir ließen Salt für den Transport in die Pferdeklinik sedieren oder wir fanden einen Tierarzt, der über
ein mobiles Ultraschallgerät verfügte, so dass die Untersuchung auf dem Waldnerhof durchgeführt werden konnte. Nach einigen Recherchen fanden wir
schließlich eine Pferdekardiologin, die ein solches
Gerät besaß und sich trotz einer etwas längeren An-
fahrt bereit erklärte, Salt zu untersuchen.

Das Ergebnis war mehr als ernüchternd. Die Kardiologin stellte fest, dass Salts Mitralklappe nicht richtig schloss. Bei jedem Herzschlag strömte eine beachtliche Menge Blut in den Vorhof zurück. Salts Herz
musste erheblich mehr arbeiten als das Herz gesunder
Pferde, um seinen Körper ausreichend mit Sauerstoff
zu versorgen. Und das hatte auch schon zur Vergrö-
ßerung der betroffenen Herzkammer geführt.

Martina und ich waren von dieser Nachricht wie
vor den Kopf geschlagen. Unter dem diffusen Begriff
„Herzgeräusche" hatten wir uns nicht so recht etwas
vorstellen können. Aber nun, mit dieser Diagnose?
Wie sollte es weitergehen? Konnte man Salt durch
eine Operation helfen? Oder würden wir Salt umgehend einschläfern lassen müssen?

Doch die Kardiologin beruhigte uns. Relativ viele
Pferde, erklärte sie uns, hätten Herzprobleme, ohne
dass es jemals diagnostiziert werde. Das liege daran,
dass Pferde diese Probleme recht gut ausgleichen
könnten. Von Einschläfern sei überhaupt keine Rede.

Man könne Salts Herz durchaus medikamentös unterstützen, wozu sie uns auch raten würde. Aber vor allen Dingen käme es jetzt darauf an, ob ich Salt weiter reiten wolle wie bisher oder ob ich bereit sei, ihn aus der Arbeit zu nehmen. In ersterem Fall gebe sie ihm noch ein bis maximal zwei Jahre. Im Hinblick auf meine eigene Sicherheit rate sie mir davon aber dringend ab. Es sei nicht auszuschließen, dass Salt während des Reitens unter mir tot zusammenbreche. Das müsse aber nicht heißen, dass ich Salt überhaupt nicht mehr reiten dürfe. Gemütliche Ausritte im Schritt und gelegentlich ein paar Meter Trab könne sie derzeit noch verantworten. Wenn wir Salts Belastung konsequent zurückfahren würden, könne er durchaus noch ein paar schöne Jahre haben.

Es war keine Frage! Selbstverständlich habe ich den Rat der Kardiologin befolgt und unmittelbar in die Tat umgesetzt. Salt hatte mir so viele schöne Jahre geschenkt, war mir ein so guter Lehrmeister gewesen, dass es nun an mir war, danke zu sagen. Noch am gleichen Tag informierte ich Jürgen, dass ich keinen Unterricht mehr bei ihm nehmen könne.

Für mich stand fest, dass ich meine Zeit nach wie vor mit Salt verbringen würde, aber eben auf eine Art und Weise, die für ihn in seinem Zustand vertretbar war. Ein anderes Pferd zu kaufen, kam für mich nicht in Betracht. Schon die Zeit für Salt musste ich meinem Beruf mühsam abtrotzen. Ein zweites Pferd hätte bedeutet, dass ich Salt kaum mehr hätte sehen können. Und das hatte er nicht verdient. Ich würde mich weiter um ihn kümmern, unser Zusammensein aber voll und ganz an sein Leistungsvermögen anpassen.

Am meisten beschäftigte mich aber die Frage, ob ich an Salts Herzfehler Schuld trug? Die Kardiologin, die meine Gedanken offensichtlich erraten hatte, beruhigte mich. Salt sei mit dem Herzfehler wohl schon zur Welt gekommen. Ich erinnerte mich, dass Salt von Anfang an immer wieder Tage gehabt hatte, an denen seine Leistungsbereitschaft zu wünschen übrig ließ, und er einen eher schlappen Eindruck gemacht hatte. Damals hatten alle geglaubt, er sei faul. Aber nun stellte sich die Sache in einem völlig anderen Licht dar. Er hatte an diesen Tagen wohl schlicht und ergreifend Herzprobleme gehabt. Es tut mir noch heute leid, dass wir ihm damals so unrecht getan haben.

Salt gefiel sein Dasein als Rentner. Und auch mir ging es, abgesehen davon, dass mich seine Erkrankung traurig machte, sehr gut damit. Zwar hatte ich unter Jürgens Anleitung schon seit einiger Zeit begonnen, mich zu entkrampfen. Aber jetzt ohne Reitunterricht war jeder selbstauferlegte Leistungsdruck von mir abgefallen. Das einzige Ziel, das ich noch hatte, bestand darin, Salt ein möglichst langes und angenehmes Leben zu ermöglichen. Und so genossen Salt und ich unsere gemütlichen Schrittausritte in die nähere Umgebung des Waldnerhofs.

Auch unter dem Sattel schenkte Salt mir nun größeres Vertrauen. Sicher gab es immer wieder Situationen, in denen er sich vor irgendetwas fürchtete. Aber hatte ich früher absteigen müssen, um ihn an einem Hindernis vorbeizuführen, so gelang es mir nun vom

Sattel aus, ihn mit guten Worten und ein paar Tätschlern zum Weitergehen zu bewegen.

Alle sechs Monate konsultierten wir die Kardiologin. Trotz der Medikamente, die wir Salt täglich verabreichten, verschlechterte sich der Zustand seines Herzens von Mal zu Mal. Natürlich passte ich mich daran an.

Nach einem Jahr gab ich das Reiten auf Anraten der Kardiologin endgültig auf und begann, mit Salt spazieren zu gehen. Außerdem wollte ich versuchen, mit ihm am langen Zügel zu arbeiten. Bevor ich Salt gekauft hatte, hatte ich ihn ein paar Mal vor der Kutsche gehen gesehen. Er war also Leinen, die seitlich an seinem Körper vorbei nach hinten verliefen, gewöhnt. Ich musste mich hingegen erst damit zurechtfinden, nun ohne Gewichts- und Schenkelhilfen auszukommen und nur noch die Zügel, die Stimme und eine lange Gerte zur Verfügung zu haben, mit der ich durch Auflegen auf Salts Hinterteil treibende Hilfen geben konnte. Es zeigte sich, dass Salt sich am besten lenken ließ, wenn ich nicht seitlich versetzt zu ihm ging, wo er mich sehen konnte, sondern hinter ihm. Wahrscheinlich war er das von der Kutsche her so gewöhnt. Natürlich hielt ich immer respektvollen Abstand von seiner Hinterhand.

Unsere ersten Versuche am langen Zügel unternahmen wir im Longierhaus. Doch das ewige Im-Kreis-Gehen wurde uns beiden schnell zu langweilig. Daher wagte ich mich mit ihm schon bald auf eine Runde um den Stall. Wie sich herausstellte, hielt sich das Wagnis aber in Grenzen. Salt nutzte das Fehlen des Gewichts der Kutsche nie aus, sondern ließ sich von mir stets vorbildlich in den Schritt oder zum Stand durchparieren.

Schnell gewöhnten Salt und ich uns an das neue Mit- bzw. Hintereinander. Nach wenigen Tagen hatte ich so viel Vertrauen gefasst, dass ich mich mit ihm auch ins Gelände wagte. Und so zogen wir entlang der Wiesenwege unsere Runden um den Waldnerhof. Aus der Ferne muss ich ausgesehen haben wie ein Bauer, der den Pflug vergessen hat.

Wir bewegten uns aber nicht nur gemächlich im Schritt, sondern trabten zwischendurch auch immer wieder ein paar Meter. Da Salt einen wunderbar versammelten Trab hatte, konnte ich gemütlich hinter ihm her joggen, ohne außer Atem zu geraten. Das Ganze tat auch meiner Fitness sehr gut.

Als wir eines Tages am Springplatz vorbeikamen, war dieser leer. Ich nutzte die Gelegenheit, um Salts Lenkbarkeit zu testen. Im Gelände machte es keinen großen Unterschied, ob Salt einen Meter früher oder später abbog, aber bei einem Slalom um die Sprünge konnte das durchaus von Bedeutung sein. Zu meiner großen Freude stellte sich heraus, dass Salt sich sehr präzise lenken ließ. Meist brauchte ich lediglich den Impuls zum Abbiegen zu geben und konnte die Ausführung ihm überlassen. Und ich hatte den Eindruck, dass es Salt Spaß machte. Er war stets aufmerksam, wie mir seine immer wieder zu mir zurück gerichteten Ohren zeigten.

Mit der Zeit erweiterte ich das Programm. Bevor Salt und ich starteten, stellte ich schon einen Hütchen-

Slalom auf dem Platz auf, den wir dann absolvierten. Ermutigt durch diese kleinen Erfolge wagten wir uns später auch an Dressurlektionen wie Seitwärtsgänge oder Hinterhandwendung. Nach und nach erarbeiteten wir uns ein beachtliches Repertoire an Lektionen.

Irgendwann wurde mir bewusst, wie sehr sich die Beziehung zwischen Salt und mir verändert hatte. Am Boden war Salt zwar schon immer ein Pferd gewesen, das sich problemlos unterordnete. Aber nun war zwischen ihm und mir eine tiefe Vertrautheit entstanden, die ich in dieser Intensität noch nie zuvor gespürt hatte. Ich stellte zu meinem Erstaunen fest, dass es mir überhaupt nichts ausmachte, nicht mehr im Sattel zu sitzen. Solange ich nur bei Salt sein konnte, war ich glücklich und zufrieden. Und bei der Bodenarbeit hatte ich den selbstauferlegten Leistungsdruck erst gar nicht aufkommen lassen. Wir hatten uns alle Lektionen am langen Zügel mit viel Freude und ohne den geringsten Stress erarbeitet. Wenn einmal etwas nicht auf Anhieb so funktionierte, wie ich es mir vorgestellt hatte, war das nicht so tragisch. Beim nächsten Mal würde es schon klappen. Und Salt konnte sich bei dem ruhigeren und entspannteren Michl viel geborgener fühlen als bei dem Hektiker, der ich früher gewesen war.

Etwa vier Jahre nach der Diagnose seines Herzfehlers ergab sich die Möglichkeit, Salt in einem in unserer Nähe gelegenen Austragsstall für Pferderentner unterzubringen. Dort genießt er, inzwischen zusammen

mit Corleone, Martinas Sportinvaliden, seinen Ruhe-
stand. Mittlerweile hat er die erste Prognose von zwei
Jahren Lebenserwartung um etliche Jahre übertroffen
und wir hoffen, Corleone und ihn noch recht lange
allabendlich besuchen zu können.

## Mollys Ausbildung

Mit Mollys Ausbildung ließen wir es ganz gemütlich angehen, um ihr noch etwas Zeit für die Eingewöhnung in ihrem neuen Zuhause zu geben. Zunächst wiederholten wir die grundlegenden Dinge.

Schon während der „Vorschulerziehung" hatten wir Molly ja beigebracht, dass es zum Putzen gehört, beidseitig angebunden zu werden. Molly hatte das von Anfang an ohne Murren mit sich machen lassen. Und wir hatten das in unserer Unerfahrenheit als mehr oder weniger selbstverständlich hingenommen. Erst später bemerkten wir, dass die Besitzer anderer junger Pferde damit teils erhebliche Probleme hatten.

Molly war wirklich außergewöhnlich. Die stoische Ruhe, mit der sie auf ihr unbekannte Situationen reagierte, konnte nicht nur in dem Grundvertrauen begründet sein, das sie zu uns gefasst hatte. Das musste sie zu einem gewissen Teil auch ererbt haben. Und nachdem ihr diese tiefe Gelassenheit, wie wir mittlerweile wussten, definitiv nicht von ihrer Mutter in die Wiege gelegt worden war, kam sie wohl von ihrem Vater. Wieder einmal waren wir Macy dankbar, dass sie sich gerade mit Casanova eingelassen hatte.

Molly begriff rasch, dass wir sie nicht im Stich ließen, wenn wir in der Sattel- oder Futterkammer verschwanden, um etwas zu holen. Wir trainierten dies mit ihr, indem wir uns ihrem Blick anfänglich nur kurz, später immer länger entzogen. Auf diese Weise lernte die Kleine rasch, auch dann ruhig stehen zu bleiben, wenn sie völlig alleine war.

Ganz allgemein waren wir verblüfft, wie schnell sich Molly an ihr neues Leben gewöhnte und sogar Spaß daran zu haben schien. Der Vorschulaufenthalt hatte sich vollends gelohnt. Einmal mehr hatte Frau Gebert Recht behalten.

Die vorderen Hufe ließ sich Molly schon vom ersten Tag an willig auskratzen. Auch wenn es ihr anfänglich noch etwas schwer fiel, für längere Zeit auf drei Beinen die Balance zu halten. Die hinteren Hufe machten hingegen zunächst Probleme. Aber schon am zweiten Tag klappte es viel besser, und ab dem dritten Tag hob sie auch die hinteren Füße bereits auf ein leichtes Antippen am Fesselgelenk und ein kleines Stimmkommando.

Interessanterweise ging das Auskratzen der Hufe vor den Übungseinheiten deutlich besser als danach. Nach den Übungseinheiten wurde Molly schnell quengelig und wollte nicht lange stillhalten. Offensichtlich war sie durch das Training erschöpft. Mit der Zeit löste sich aber auch dieses Problem von ganz alleine. Von Tag zu Tag konnte sie sich besser und länger konzentrieren.

Etwas Sorge bereitete uns die Frage, ob sich Molly gut in die Stutenherde eingliedern würde. Auf dem Josephihof hatte die Herde praktisch immer die gleiche Zusammensetzung gehabt. In einem Reitstall war das anders. Welche Stuten gerade auf der Koppel standen, richtete sich danach, wann die einzelnen Tiere geritten wurden. So gab es ein ständiges Kommen und Gehen.

Sicherheitshalber gingen wir mit Molly vor dem ersten Besuch der Stutenkoppel durch den Stall und machten sie mit etlichen ihrer Nachbarinnen bekannt, von denen wir wussten, dass sie ebenfalls auf der Koppel sein würden. Lisa, eine vierjährige Stute, kannte Molly schon von ihrem Vorschulaufenthalt.

Für den ersten Aufenthalt auf der Koppel wählte Martina einen Tag, an dem nicht nur Lisa, sondern auch andere Molly bereits bekannte Stuten dort standen. Als Lisa Molly erblickte, kam sie wiehernd zum Tor getrabt und nahm Molly freudig in Empfang. Als sich die beiden zu den anderen Tieren gesellten, versuchte Lisa, Molly von diesen fern zu halten, als wolle sie sagen: „Das ist MEINE Freundin!" Trotzdem gelang es unserer Kleinen, sich auch bei den anderen Stuten vorzustellen. Und so gab es auch keine Probleme, nachdem Lisa von ihrer Besitzerin zum Reiten geholt worden war.

Am nächsten Tag gefiel es Molly schon so sehr in der Stutenherde, dass Martina etwas Überzeugungsarbeit leisten musste, als sie sie zum Training wieder in den Stall holen wollte. Offensichtlich hatte Molly das müßige Leben auf dem Josephihof doch in guter Erinnerung behalten.

Den ersten Kontakt mit der Führanlage verschafften wir Molly, indem Martina und ich mit Macy und ihr

169

zum Grasen auf die davor gelegene Wiese gingen. Während Macy sofort den Kopf senkte und sich dem Fressen widmete, war Molly zunächst alles andere als entspannt. Hier war sie noch nie gewesen, und dann gab das Haus vor ihr auch noch so merkwürdige Geräusche von sich. Irgendetwas stimmte hier doch nicht! Sie blieb zwar ruhig stehen und tänzelte nicht herum, aber ihr tiefes Ein- und Ausatmen begleitet von einem deutlich zu vernehmenden Schnorcheln zeigte uns, dass sie sich in ihrer Haut nicht wirklich wohl fühlte. Molly wäre allerdings nicht Molly gewesen, wenn sie sich durch das Vorbild ihrer Mutter und unser beruhigendes Zureden nicht innerhalb kürzester Zeit davon hätte überzeugen lassen, dass keine Gefahr im Verzug war. So begann auch sie zu grasen.

Am nächsten Tag meinte Jodie, dass es an der Zeit sei, Molly auch an das Laufen in der Führanlage zu gewöhnen. Also machten wir uns zu fünft auf den Weg. Martina ging mit Macy am Führstrick voran, Jodie mit Molly hinterher. Ich öffnete den Damen das Tor. Martina und Macy betraten das erste Abteil, Jodie und Molly das Abteil dahinter.

Zunächst spielte ich den Motor und schob die Trenngitter der Führanlage vor mir her. Brav stapfte Molly neben Jodie her. Nach zwei oder drei Runden wechselten wir die Richtung. Nun hatte Molly ihre Mutter nicht mehr vor, sondern hinter sich, was sie aber nicht weiter zu stören schien. In beiden Richtungen achtete Jodie darauf, dass Molly das jeweils hintere Trenngitter ihres Abteils auch mal auf den Hintern bekam. Es gibt Pferde, die diese Berührung überhaupt nicht mögen und panisch ein paar Galoppsprünge nach vorne machen, wodurch die Gefahr einer Verletzung am vorderen Trenngitter besteht. Gott sei Dank gehörte Molly nicht zu diesen Pferden. Sie ging einfach etwas schneller, um den Kontakt mit dem Gitter zu vermeiden.

Nun konnten wir einen Schritt weitergehen und den Motor einschalten. Während Martina die Führanlage verließ und Macy allein in ihrem Abteil laufen ließ, blieb Jodie noch bei Molly. Nach weiteren zwei Runden bat sie mich, ihr das Tor zu öffnen. Gesagt, getan! Und so lief Molly an diesem Tag die ersten Runden ihres Lebens alleine in der Führanlage.

Schon am nächsten Tag stellte die Führanlage keine Herausforderung mehr für sie dar, und sie zog zusammen mit Macy friedlich ihre Runden. Wir hätten nie im Leben zu hoffen gewagt, dass sie sich so schnell an die Führanlage gewöhnen würde.

Als ich eines Tages beim Spazierengehen mit Molly am Eingang der Reithalle vorbeikam, stellte ich fest, dass das Tor offen stand. Die Halle war leer.

Das war die Gelegenheit. Schon seit Tagen wollten wir mit Molly einmal in die Reithalle gehen. Wir hatten es aber immer wieder verschoben, weil wir den Reitbetrieb nicht stören wollten. Außerdem war Jodie im Rahmen der „Vorschulerziehung" schon einmal mit Molly in der Reithalle gewesen. Und damals hatte Molly das alles andere als toll gefunden. Insbesondere der Spiegel, der sich an einer kurzen Seite der Reitbahn praktisch über deren gesamte Breite erstreckte, hatte sie erschreckt. Wir wollten die Angelegenheit daher sehr behutsam angehen.

Sollte ich also warten? Aber die Gelegenheit, die Reithalle mitten am Nachmittag leer anzutreffen, würde sich so schnell nicht wieder bieten. Außerdem hatte ich an diesem Tag ein wirklich gutes Gefühl. Molly hatte bei allen Übungen sehr brav mitgemacht. Also gab ich mir einen Ruck und betrat die Reitbahn.

Schon nach den ersten Schritten begann Molly zu schnorcheln. Also hielt ich an und tätschelte ihren Hals, während ich beruhigend auf sie einredete. Molly schaute sich in der Halle um und wieherte laut, als sie den Spiegel sah. Ich entschied daher, erst einmal vom Spiegel weg in Richtung Tribüne zu gehen. Das funktionierte ohne Probleme. Molly ging ruhig neben mir her. Sie drückte sich weder gegen mich, noch versuchte sie, sich durch Weglaufen oder Stehenbleiben zu entziehen. Dass sie sich immer noch nicht ganz sicher fühlte, machte mir lediglich ihr schwerer Atem klar. Das Schnorcheln hatte aufgehört. Immer wieder blieb ich stehen und gab ihr begleitet von Streicheln und guten Worten die Gelegenheit, die neue Umgebung in aller Ruhe zu begutachten.

Als wir an der Tribüne angekommen waren, mussten wir wohl oder übel wieder zurück in Richtung Spiegel. Ich war gespannt, wie wir das hinkriegen würden.

Sobald Molly den Spiegel sah, stieg ihre Unruhe wieder an. Ich vermutete, dass es nicht der Spiegel als solcher war, der Molly unheimlich war, sondern das „andere Pferd", das da in großer Entfernung zu sehen

172

war. Also ging ich mit ihr zur Mittellinie. Dort war der Spiegel durch ein großes Hallentor unterbrochen. Solange wir auf der Mittellinie auf den Spiegel zugingen, konnte Molly zwar das Spiegelbild der Halle sehen, ihr eigenes aber nicht. Und tatsächlich schien Molly mit dieser Situation keine Probleme zu haben. Meine Vermutung schien also zuzutreffen.

So gingen wir auf der Mittellinie bis auf wenige Meter an den Spiegel heran. Nun kam die Stunde der Wahrheit. Wir mussten die Mittellinie verlassen, so dass Molly sich bzw. das „andere Pferd" wieder sehen würde.

Da Molly in ihr neuen und unheimlichen Situationen bislang nie mit Weglaufen reagiert hatte, sondern immer nur stehen geblieben war und die Lage sondiert hatte, führte ich sie nur ein paar Schritte von der Mittellinie weg und hielt an, bevor sie es tat. Molly überraschte mich. Sie reagierte nicht erneut mit Schnorcheln, sondern mit Neugier. Interessiert betrachtete sie sich im Spiegel. Nach dem Stand der Forschung haben Pferde nicht die Fähigkeit, ihr eigenes Spiegelbild zu erkennen. Ich glaube daher nicht, dass sie wusste, dass sie selbst es war, die ihr da entgegenblickte. Ich kann mir aber vorstellen, dass sie mich erkannte und keine rechte Erklärung dafür fand, weshalb es mich plötzlich zweimal gab und warum der andere Michl auch noch mit einem anderen Pferd unterwegs war. Wie dem auch sei. Ich hatte ganz klar den Eindruck, dass die Situation sie nicht erschreckte, sondern ihr Interesse geweckt hatte.

Also wagte ich den Versuch und ging einen Schritt auf den Spiegel zu. Molly folgte ohne Zögern. Ich ließ einen weiteren Schritt folgen und stand nun unmittelbar an der Bande, über der der Spiegel hing. Wieder folgte Molly mir anstandslos. Und dann machte sie etwas, womit ich nie und nimmer gerechnet hätte: Sie begann, ihr Spiegelbild zu beschnuppern. Sie war dabei völlig entspannt. So entspannt, dass ich den Führstrick durchhängen lassen und Molly nebst Spiegelbild mit dem Handy fotografieren konnte. Martina und Jodie hätten mir das alles sonst niemals geglaubt.

Nach einigen Augenblicken führte ich Molly an der kurzen Seite der Halle an dem Hallentor vorbei zur anderen Hälfte des Spiegels. Sobald Molly sich wieder im Spiegel sah, blieb sie stehen. Dann machte sie aus eigenem Antrieb einen Schritt auf den Spiegel zu, um ihr Spiegelbild erneut zu beschnuppern. Ich ließ sie einige Zeit gewähren, bevor ich sie zum Ausgang führte und mit ihr die Reithalle verließ.

Als wir auf unserer Runde um den Waldnerhof wieder am Eingang zur Reithalle vorbeikamen und ich wieder den Weg hinein einschlug, folgte Molly mir ohne das geringste Zögern. Die Reithalle hatte für sie ihren Schrecken verloren.

## Endlich Reitpferd

Der nächste Schritt auf dem Weg zum Reitpferd war das Longieren.

Am Stallhalfter longiert zu werden, kannte Molly ja schon von ihrem Vorschulaufenthalt. Aber nun sollte sie sich Schritt für Schritt an die Ausrüstung gewöhnen, die sie als Reitpferd tragen würde, an Gamaschen und Zaumzeug, vor allem aber an Gebiss und Sattel.

Auch wenn sie sich die Gamaschen klaglos anziehen ließ, fand Molly es anfangs überhaupt nicht toll, diese Dinger an den Vorderbeinen tragen zu müssen. Insbesondere das zusätzliche Gewicht der Gamaschen störte sie. Wie ein Storch hob sie die Beine beim Gehen. Witzigerweise aber nicht nur die Vorderbeine, sondern auch die Hinterbeine, an denen sie gar keine Gamaschen trug. Es sah urkomisch aus. Nach zwanzig, dreißig Schritten hatte sich Molly aber an das neue Gefühl gewöhnt und lief wieder normal.

Auch das Gebiss mochte sie zunächst überhaupt nicht. „Bäh, was ist das denn?" schien uns ihr Gesichtsausdruck sagen zu wollen. Aber schon beim zweiten Versuch ließ sie uns mit dem Gebiss ebenso gewähren wie mit dem Longiergurt, den wir ihr um den Bauch legten.

Im Longierhaus ging Molly von ganz alleine auf den Zirkel, nachdem wir sie losgeschickt hatten. Schnell lernte sie, welche Gangart wir von ihr sehen wollten, wenn wir die Kommandos „Schee-ritt", „Tee-rab" und „Gaa-lopp" gaben. Anfänglich unterstützten wir die Kommandos zwar noch durch unsere Körpersprache bzw. kleine Hilfen über die Longe. Das konnten wir aber schnell wieder einstellen.

Jodie ermahnte uns, stets die gleichen und allgemein üblichen Kommandos zu verwenden. Molly sollte das „Hilfen-Hochdeutsch" lernen und nicht irgendeinen Wildwuchsdialekt. Schließlich wollten wir sie ja auch mal jemand anderem anvertrauen können. Mit diesem Hinweis rannte Jodie bei uns offene Türen ein. Wir erinnerten uns nur zu gut an die Schwierigkeiten, die Martina aufgrund meines Hilfen-Slangs Marke Eigenbau anfänglich mit Salt gehabt hatte.

Außerdem riet uns Jodie, während des Longierens nicht zu viel mit Molly zu sprechen, damit diese nicht durch das zusätzliche, für sie unverständliche Gebrabbel irritiert würde.

Jodie hatte natürlich Recht. Vor lauter Liebe vergessen wir Menschen allzu oft, dass Pferde völlig anders kommunizieren als wir. Während sich der Mensch hauptsächlich über die gesprochene Sprache austauscht, ist das wichtigste Verständigungsmittel der Pferde die Körpersprache. Wenn die Verständigung zwischen Molly und uns auf Dauer funktionieren sollte, dann mussten wir uns auf diesen Unterschied einstellen.

Sicher kann man Pferden beibringen, bestimmte Begriffe der menschlichen Sprache zu verstehen und richtig zu deuten. Aber das wird auf einige wenige Begriffe beschränkt bleiben. „Schee-ritt", „Tee-rab" und „Gaa-lopp" gehören dazu. Auch das Wort „Nein" könnten wir einem Pferd als allgemeines Zeichen dafür beibringen, dass wir mit seiner momentanen Handlung nicht einverstanden sind. Aber schon beim Kommando „Fuß", mit dem wir das Pferd auffordern, den Fuß zu geben, damit wir ihm den Huf auskratzen können, wird es eher auf unsere gebückte Körperhaltung und das leichte Antippen des Fesselgelenks reagieren als auf das gesprochene Wort.

Wenn wir mit einem Pferd also wie mit einem Menschen sprechen, dann wird das für das Tier nur ein unverständlicher Klangsalat sein. Dessen müssen wir uns vor allem dann bewusst sein, wenn wir ein Fehlverhalten korrigieren wollen.

Nehmen wir an, das Pferd sei beim Longieren von alleine vom Galopp in den Trab zurückgegangen. Spontan ist man in dieser Situation versucht, das Pferd auf Menschenart zu tadeln, beispielsweise mit den Worten „Du solltest doch nicht traben, sondern galoppieren". Das Pferd wird diesen Satz allerdings nicht verstehen, weil er keinen der ihm bekannten Begriffe enthält. Aber auch „Nicht Trab, sondern Galopp!" ist nicht besser, weil die Worte „Trab" und „Galopp" nicht in der gewohnten Betonung „Tee-rab" bzw. „Gaa-lopp" ausgesprochen wurden. Zudem kann es mit der Verneinung nichts anfangen, so dass wir dem Pferd selbst dann, wenn es die Worte „Trab" und „Galopp" verstanden haben sollte, aus seiner Sicht zwei einander widersprechende Befehle gegeben haben. Es kann nicht gleichzeitig traben und galoppieren. Was soll es also tun?

Besser ist es, dem Pferd durch ein deutliches „Nein!" zunächst einmal zu verstehen zu geben, dass man mit dem, was es gerade macht, nicht einverstanden ist, und ihm dann einfach nochmals den Befehl „Gaa-lopp" zu geben.

Das soll aber nicht heißen, dass wir mit unseren Pferden überhaupt nicht sprechen sollen. Wir transportieren mit dem gesprochenen Wort nämlich nicht nur dessen Bedeutungsinhalt, sondern über den Tonfall auch unsere Stimmung. Und wenn Pferde etwas in unvergleichlichem Maße können, dann ist es, unsere Körpersprache und unsere Stimmung zu lesen. Gerade beim Loben des Pferds wird es weniger auf die Wortwahl als auf die positive Stimmfärbung ankommen. Wichtig ist aber, dass man eine deutliche Pause macht, bevor man dann das nächste Kommando gibt, damit dieses nicht im allgemeinen Gebrabbel untergeht, sondern deutlich davon abgesetzt ist.

Anfänglich hatte Molly noch Probleme mit ihrer Balance. Das war in ihrem Alter aber nichts Ungewöhnliches und vor allem der engen Wendung des Longierzirkels geschuldet.

Je besser Molly mit ihrem Körper klar kam, desto besser verstand sie auch, dass es einen Unterschied zwischen Rechtsgalopp und Linksgalopp gab, und galoppierte jeweils auf der richtigen Hand an. Rechts-

und Linksgalopp unterscheiden sich hauptsächlich dadurch, dass einmal das rechte, einmal das linke Vorderbein weiter ausgreift. Kinder, die den Galopp mit einem Steckenpferd imitieren, ahmen dies intuitiv richtig nach.

Aber es setzte sich bei Molly auch noch eine andere Erkenntnis durch: „Galopp ist anstrengend!" Sie versuchte, sich ihm zu entziehen, wann immer es nur ging. Wir mussten stets auf der Hut sein, nicht die Anzeichen zu verpassen, dass sie vorhatte, demnächst von selbst in den Trab überzugehen. Wir wollten ja rechtzeitig geeignete Gegenmaßnahmen ergreifen können. Wenigstens hatten wir wieder einen Punkt gefunden, an dem wir mit unserer ansonsten fast schon zu braven Molly Gehorsam üben konnten.

Mit der Zeit gewann Molly an Kondition, so dass sie auch der Galopp nicht mehr schreckte. Nun war es an der Zeit, einen Schritt weiterzugehen. Molly wurde das erste Mal mit Sattel longiert, allerdings noch ohne Steigbügel. Jodie war der Meinung, der Sattel alleine sei schon ein gewaltiger Schritt und da müsse man die Situation für Molly nicht auch noch durch herumschlackernde Steigbügel erschweren.

Molly ließ sich den Sattel anstandslos auflegen. Behutsam schnallte Jodie den Gurt auf ihrer Seite ins unterste Loch der Sattelriemen und reichte mir das andere Ende unter Mollys Bauch hindurch an. Auch als ich Molly den Gurt von unten gegen den Brustkorb legte, blieb diese ruhig stehen. Erst als ich ihn auch auf meiner Seite ins unterste Loch schnallte und damit einen leichten Druck auf ihren Brustkorb ausübte, zuckte sie etwas, ließ sich aber durch Streicheln und gutes Zureden sehr schnell wieder beruhigen.

Wir gaben Molly noch einige Augenblicke, um sich an den Sattel zu gewöhnen, bevor wir ihr auch noch das Zaumzeug und die Gamaschen anzogen, Dinge die sie ja schon kannte, und daher ohne Weiteres akzeptierte. Dann machten wir uns auf den Weg zum Longierhaus. Dort lief sie auch mit dem Sattel in ihrem Rücken völlig ungezwungen und locker.

Am Ende der Übungseinheit holte Jodie einen Schemel, den sie neben Molly stellte, während Martina sie am Zügel hielt. Jodie stieg auf den Schemel und legte ihren rechten Arm auf den Sattel. Allmählich erhöhte sie den Druck, indem sie sich mehr und mehr auf ihren rechten Arm stützte. Molly blieb ruhig stehen und zeigte keinerlei Reaktion. Ihre Ohren waren aber aufmerksam zu Jodie zurück gerichtet. Sie beobachtete genau, was diese da tat. Die ganze Situation, Jodie, Martina und ich unterhielten uns in ruhigem Ton und hatten auch für Molly das eine oder andere gute Wort, zeigte der Kleinen, dass ihr kein Ungemach drohte. Und so blieb sie völlig ruhig und entspannt. Kurz darauf beendeten wir die Übung.

Drei Tage später wiederholten wir das Longieren mit Sattel, aber dieses Mal mit Steigbügeln. Allerdings schnallten wir die Steigbügelriemen so kurz wie möglich, um das Herumschlackern bei Trab und Galopp auf ein nicht zu vermeidendes Minimum zu reduzieren.

Wieder verlief alles ohne bemerkenswerte Vorkommnisse. Und wieder holte Jodie am Schluss den Schemel. Sie schnallte den linken Steigbügel länger, so dass sie ihren Fuß hineinstellen konnte, während Martina am anderen Steigbügelriemen gegenhielt, damit der Sattel nicht seitlich verrutschte. Wie bei der ersten Berührung mit dem Sattelgurt zuckte Molly kurz zusammen, als Jodies Reitstiefel sie berührte und machte einen kleinen Schritt nach vorne. Sie ließ sich von mir aber ohne größere Einwirkung sofort wieder zum Stehen bringen.

Jodie erhöhte den Druck auf den linken Steigbügel, bis sie den rechten Fuß vom Schemel nehmen konnte. Nun hatte Molly Jodies gesamtes Gewicht im Rücken, wenn dieses auch nicht allzu hoch war. Mit ihrem rechten Bein blieb Jodie auf Mollys linker Seite. Sie legte lediglich ihren Oberkörper über den Sattel, um das Gewicht gleichmäßig zu verteilen. Der größere Druck veranlasste Molly aber zu keiner stärkeren Reaktion.

Nach kurzer Zeit ging Jodie wieder auf den Schemel zurück, wiederholte den gesamten Ablauf dann aber noch einmal. Wieder mit dem gleichen positiven Ergebnis.

Weitere drei Tage später ging Jodie am Ende der Übung noch einen Schritt weiter. Sie hob ihr rechtes Bein über Molly, wobei sie sorgsam darauf achtete, nicht ihre Kruppe zu berühren, und saß vollends auf. Molly zeigte nicht das geringste Unbehagen. Nach einigen Augenblicken im Stand ließ sich Jodie von mir im Schritt herumführen, zunächst nur ein paar Tritte, anschließend aber zwei volle Runden. Wie immer sprach Jodie währenddessen mit Molly, die aufmerksam bei ihr war, wie ihre zurück gerichteten Ohren zeigten.

Es war das erste Mal, dass Molly einen Reiter trug. Nun war sie also ein Reitpferd.

Während der folgenden Wochen ging es vor allem darum, Molly die Hilfengebung für die Übergänge zwischen den drei Grundgangarten Schritt, Trab und Galopp beizubringen. Außerdem sollte sie lernen, auch mit einem Reiter im Rücken in allen Gangarten ihre Balance zu finden und zu halten.

Auch dieser Teil der Ausbildung begann im Longierhaus. Hauptsächlich wollten wir den normalen Betrieb in der Reithalle nicht stören. Zudem stellte das Longierhaus für Molly eine vertraute Umgebung dar. Und schließlich bot es für den Fall, dass Molly wider Erwarten doch einmal davonstürmen sollte, nicht die Weite der Reithalle, so dass sie schneller wieder würde abbremsen müssen. Martina longierte Molly, während Jodie im Sattel saß und ich mit der Longiergerte in der Hand hinter ihr her ging.

Als Jodie zum ersten Mal mit den Schenkeln die treibenden Hilfen zum Antraben gab, wusste Molly verständlicherweise nicht, was von ihr verlangt wurde. Nun machte sich die Longierausbildung bezahlt. Jodie bat mich, sie mit der vertrauten Stimmhilfe „Tee-rab" und leichtes Auflegen der Longiergerte auf die Kruppe zu unterstützen. Diese Hilfen verstand

182

Molly sofort und befolgte sie willig. Jodie ging in den leichten Sitz über, d.h. sie nahm ihr Gesäß aus dem Sattel, um Molly, insbesondere ihren Rücken, keinen starken Belastungsschwankungen auszusetzen. Außerdem half ihr der leichte Sitz, auch mit dem Fremdkörper in ihrem Rücken die Balance zu halten. Für den ersten Versuch gelang es der Kleinen schon recht ordentlich. Sie schwankte nur sehr wenig hin und her.

Jodie erkundigte sich nach Mollys Schweif. Ein stark schlagender Schweif hätte gezeigt, dass Molly sich unwohl fühlte. Martina konnte aber berichten, dass Molly ihren Schweif zwar etwas angehoben hatte, ihn aber mittig und vor allem vollkommen ruhig trug. Auch waren ihre Ohren durchgehend aufmerksam zurückgestellt. Ein gutes Zeichen. Molly empfand offensichtlich keinen Stress. Ja, gegen Ende der zweiten Trabrunde begann sie sogar, zufrieden abzukauen. Kaubewegungen zeigen bei Pferden in allen Lebenslagen an, dass sie sich wohl fühlen.

Nach einer Schrittpause funktionierte das zweite Antraben schon viel zügiger. Molly lernte wirklich schnell.

Den ersten Galopp unter dem Sattel bot Molly von ganz alleine an. Eigentlich hätte sie nur etwas stärker traben sollen. Mademoiselle fühlte sich aber offensichtlich davon überfordert, bei den schnelleren Bewegungen mit einem Reiter im Rücken die Balance zu halten. Da galoppierte sie doch lieber an. Das ergab für den Reiter letztendlich die gleiche Geschwindigkeit, war für sie aber mit wesentlich weniger Bewegungsaufwand verbunden. Jodie drückte ein Auge zu und ließ sie für dieses eine Mal gewähren. Amüsiert merkte sie an: „Die ist in ihrem Leben noch nicht oft galoppiert." Und in der Tat war Mollys Galopp ziemlich holperig.

Jodie schlug vor, das Training zu beenden. Die Kleine hatte brav mitgearbeitet und alles gezeigt, was von ihr in der ersten Berittstunde ihres Lebens gefordert worden war. Daher wollte Jodie mit ihr zur Belohnung lieber noch eine Runde um den Stall gehen.

Selbstverständlich stimmten wir zu. Molly hatte es sich redlich verdient. Gerade wegen der positiven Erfahrungen, die wir während der letzten Wochen mit ihrem Leistungswillen gemacht hatten, mussten wir aufpassen, dass sie die Freude, die ihr die Arbeit mit Jodie ganz offensichtlich bereitete, nicht irgendwann verlor, weil wir ihre Mitarbeit für selbstverständlich nahmen und unsere Erwartungen immer weiter nach oben schraubten. Was auch immer Jodie mit Molly geübt hatte, alles hatte immer auf das erste oder spätestens auf das zweite Mal geklappt. Und immer wusste sie bei der nächsten Wiederholung noch haargenau, was von ihr gefordert wurde. Wir konnten wirklich stolz auf sie sein. Und das waren wir auch!

Auch wenn keine Rede davon sein konnte, dass Mollys Bewegungen von Anfang an ausbalanciert gewesen wären, bestätigte Jodie doch, dass sie sich mit der Balance leichter tat als andere junge Pferde in vergleichbarem Alter. Hier kam Molly vor allem ihr gleichmäßiger Körperbau zugute.

Mit der Zeit wurden ihre Bewegungen immer runder. War ihr Trab anfänglich noch etwas staksig gewesen, sah er nun schon erheblich flüssiger aus, und auch der Galopp wurde immer sicherer. Am erfreulichsten aber war Mollys Schritt. Er war von Anfang an sehr raumgreifend, und daran hatte sich nichts geändert. Das waren vielversprechende Anzeichen dafür, dass Mollys Grundgangarten sich auch in Zukunft positiv weiterentwickeln würden.

Natürlich wurde die Kleine nicht jeden Tag geritten. Dafür war sie noch zu jung, ihre Knochen und Gelenke noch zu weich. Dreimal pro Woche für jeweils maximal zwanzig Minuten genügten voll und ganz. Und zur Belohnung gab es abschließend immer noch eine Runde im Schritt um den Stall. Anfänglich ließ sich Jodie dabei von Martina oder mir an der Longe führen. Aber auch diese Vorsichtsmaßnahme beendete Jodie bereits nach wenigen Tagen. Sie hatte mittlerweile sehr großes Vertrauen zu Molly gefasst. Und dieses Vertrauen sollte auch nie enttäuscht werden.

Der Wechsel vom Longierhaus in die Reithalle war der nächste Schritt in Mollys Ausbildung. Anfänglich ritt Jodie immer früh morgens, wenn in der Reithalle kein oder nur wenig Betrieb war. Junge Pferde sind, selbst wenn sie von einer so erfahrenen Reiterin wie Jodie geritten werden, aufgrund der mangelnden Balance deutlich schwerer zu lenken als erwachsene Tiere. Daher können sie im Ernstfall auch nicht so gut ausweichen. Folglich erfordert ein junges Pferd auch von den anderen Reitern in der Reitbahn stets eine erhöhte Aufmerksamkeit.

Molly liebte die Weite der Reithalle. Geradeausgehen fiel ihr deutlich leichter als das enge Gekreisel im Longierhaus. Auch die Gesellschaft anderer Pferde fand sie toll. Allerdings waren ihr Pferde, die ihr entgegen kamen oder sie von hinten überholten, anfänglich unheimlich. Das war aber auch kein Wunder. Im Trab oder Galopp entgegenkommende Pferde sind in freier Wildbahn ein sicheres Anzeichen dafür, dass in der Richtung, aus der sie kommen, Gefahr droht. Also ist es besser, umzudrehen und mit ihnen gemeinsam zu fliehen. Pferde, die einen überholen, sind dagegen Anzeichen für hinter einem lauerndes Ungemach. Man sollte also besser Gas geben und sich ihnen anschließen.

Wann immer sie überholt wurde oder ihr ein Pferd entgegen kam, zuckte Molly zwar und wurde für einen Moment unaufmerksam, ließ sich aber von Jodie in der vorgegebenen Bewegung halten. Mit der Zeit gewöhnte sich Molly an das unpferdische „Durcheinander" in der Reitbahn.

In der Halle konnte Jodie nun auch mit Handwechseln reiten, also sowohl links herum als auch rechts herum. Sie ritt die Handwechsel fast ohne Zügelhilfe, praktisch nur mit Gewichts- und Schenkelhilfen. Jodie war begeistert, wie gut Molly darauf reagierte und sich lenken ließ.

Schnell sprach sich im Stall herum, dass von Molly in der Reitbahn keine Unruhe ausging, sondern dass sie unter Jodie brav ihre Runden zog und gut lenkbar war, so dass sie im Bedarfsfall auch mal ausweichen konnte. So war Jodie bald nicht mehr auf die frühen Morgenstunden angewiesen, sondern konnte Molly wie jedes andere Berittpferd in ihre Tagesplanung einbauen.

Als ich an einem Wochenende wieder einmal Zeit hatte, Jodie beim Beritt zuzusehen, bemerkte ich, dass sie gegen Ende das Tempo des Galopps etwas erhöhte. Molly hatte an diesem Tag selbst für ihre Verhältnisse sehr gut mitgearbeitet und richtig Spaß an der Geschwindigkeit. Trotz der erhöhten Anforderungen an die Balance stellte auch dieses hohe Tempo mittlerweile kein Problem mehr für sie dar. Es war wenig Betrieb in der Halle und so konnten die beiden nach Herzenslust von der linken Hand auf die rechte Hand und wieder zurück wechseln. Bei jedem Handwechsel parierte Jodie zum Trab durch. Allerdings verringerte sie von Mal zu Mal die Zahl der Zwischenschritte. Ich ahnte, was Jodies Ziel war, konnte es aber nicht glauben. Doch tatsächlich! Ohne Vorankündigung ließ Jodie plötzlich den Zwischentrab weg und wechselte unmittelbar vom Rechtsgalopp in den Linksgalopp. Molly hatte den ersten fliegenden Galoppwechsel unter dem Sattel gezeigt. Sie wurde von Jodie dafür mit überschwänglichem Lob belohnt. Und auch Martina und ich waren völlig aus dem Häuschen.

Nach dem Beritt erklärte uns eine strahlende Jodie, dass sie an diesem Tag ein sehr gutes Gefühl gehabt habe, weil Molly so toll mitgearbeitet habe, so dass sie die Gunst der Stunde einfach habe ausnutzen müssen. Bei hohem Tempo falle Pferden der fliegende Galoppwechsel sehr viel leichter als bei geringem Tempo. Daher wolle sie Molly diese Lektion schon jetzt spielerisch beibringen. Es werde für sie in ein paar Jahren dann viel einfacher sein, den fliegenden Wechsel auch bei versammelter Bewegung zu zeigen.

Als der Boden im Frühjahr abgetrocknet war, stand die erste Berittstunde auf dem Außenplatz an. Molly kannte ihn schon vom Sehen. Wir hatten sie schon öfter darüber geführt. Auch Jodie hatte Molly den Außenplatz bei ihren Runden um den Stall schon mehrfach gezeigt. Gleichwohl machte sich Jodie darauf gefasst, dass Molly auf die neue Situation mit Unruhe reagieren würde, doch in gewohnter Manier zog sie schon bald auch dort ihre Runden. Ja, sie gab Jodie ein so sicheres Gefühl, dass diese den Beritt mit einer Runde im Schritt am hingegebenen Zügel beendete. „Die ist so cool! Molly ist das erste junge Pferd, bei dem ich mich das schon beim ersten Mal auf dem Außenplatz getraut habe", strahlte Jodie.

Auch nach dem Wechsel in die Reithalle und auf den Außenplatz wurde Molly natürlich regelmäßig longiert.

Da Molly von ganz alleine eine gute Körperhaltung einnahm und zudem unter dem Sattel eher dazu neigte, den Kopf hinter die Senkrechte zu nehmen, verzichteten Martina und ich auf Anraten von Jodie bald auf den Einsatz von Ausbindezügeln.

Hauptziel der Arbeit im Longierhaus war es zu dieser Zeit, Molly bei lockerer Bewegung die Gelegenheit zu geben, ihre Balance zu verbessern. Recht schnell kristallisierte sich die rechte Hand als Mollys Lieblingshand heraus. Ließ man ihr die Wahl, so lief Molly zunächst immer rechts herum. Und nach einem Wechsel auf die linke Hand versuchte sie nach dem Durchparieren zum Schritt häufig, wieder auf die rechte Hand zu wechseln. Da waren hohe Aufmerksamkeit, schnelle Reaktion und strikte Konsequenz gefragt.

Molly akzeptierte es ohne Murren, dass wir auf der korrekten Ausführung der Kommandos bestanden. Gleichwohl versäumte sie es nicht, uns wissen zu lassen, dass sie sehr wohl auch noch ihren eigenen Kopf hatte. Sie tat dies aber nie auf widerspenstige, sondern immer auf eine sehr charmante Art. Und der Schalk, der ihr auch heute noch im Nacken sitzt und der immer wieder einmal aufblitzt, darf da nicht nur bleiben, sondern soll es sogar.

Den Abschluss bildete stets ein gemeinsamer Spaziergang durch das Longierhaus. Sobald ich die Arbeit beendete, kam Molly in die Mitte des Longierhauses und blieb ein paar Meter von mir entfernt stehen. Dann ging ich zu ihr, löste die Longe, streichelte und lobte sie. Anschließend wandte ich mich ab und ging gemächlichen Schritts kreuz und quer durch das Longierhaus. Obwohl sie hätte tun und lassen können, was sie wollte, weil sie ja nicht mehr angebunden war, folgte mir Molly auf dem Fuß, wie ein Fohlen seiner Mutter. Blieb ich stehen, blieb auch sie stehen. Ging ich weiter, trat auch sie wieder an. Gelegentlich baute ich mit Hütchen sogar einen kleinen Slalomparcours auf, den wir auf diese Weise absolvierten. Das gleiche tat sie natürlich auch mit Martina und Jodie. Wir vier waren eine eingeschworene Gemeinschaft.

Eine Übung, mit der Mollys Auge für Distanzen geschult werden sollte, war das Freispringen.

Als sich bei ihrem ersten Freispringen das Hallentor für sie öffnete, und Molly den mit rot-weißem Flatterband abgesteckten Parcours erblickte, begann sie, sehr schwer zu atmen und zu schnorcheln. Die Reithalle sah heute ganz anders aus, als sie es gewohnt war. Jodie hatte nichts anderes erwartet und bedeutete Martina, Molly genug Zeit zu geben, alles zu inspizieren. Als sich die Kleine beruhigt hatte, führte Martina sie in die Halle und ließ sie frei. Eingehend sah Molly sich alles nochmals aus nächster Nähe an. Nach einigen Minuten nahm Martina sie am Halfter und zeigte ihr, in welche Richtung sie laufen sollte. Alle Hindernisse waren abgebaut worden. Für Molly hatte Jodie lediglich Stangen auf den Boden gelegt.

Molly stellte sich nicht wirklich geschickt an. „Im Galopp über Stangen? Kann ich nicht!" schien sie uns sagen zu wollen. Aber schon bei der zweiten Runde klappte es besser. Nach oben war aber immer noch sehr, sehr viel Luft.

Äußerlich war Molly zwar ruhig. Insbesondere bewegte sie sich in einem gleichmäßigen Tempo durch den Parcours und sprintete, anders als ihre

Mutter dies getan hätte, nicht hektisch los. Dass sie gleichwohl sehr aufgeregt war, konnte man jedoch dem Umstand entnehmen, dass sie in den wenigen Minuten, die das Freispringen für sie dauerte, dreimal Mist absetzte.

Nach dieser Erfahrung legte ich Molly auch beim Longieren gelegentlich ein paar Stangen auf den Boden, um sie allmählich an das Abschätzen von Distanzen zu gewöhnen. Im Trab hatte sie den Bogen sehr schnell heraus. Im Galopp sollte es jedoch noch etwas länger dauern, bis sie sich rund über die Stangen bewegte und nicht über der Stange einen oder zwei Trabschritte einbaute.

Der Erfolg dieses Trainings zeigte sich beim zweiten Freispringen, das etwa einen Monat später stattfand.

Molly machte ihre Sache erheblich besser als beim ersten Mal. Schon beim Betreten der Halle jagte ihr das Flatterband keinen Schrecken mehr ein. Auch fiel ihr die Koordination ihrer Bewegungen beim Springen nun leichter. Und das, obwohl Jodie für Molly dieses Mal nicht nur Stangen auf den Boden gelegt, sondern auch Kreuze aufgestellt hatte, wenn auch sehr niedrige. Beim letzten Durchgang wurde die Reihe der Sprünge sogar von einem kleinen Oxer abgeschlossen. Bravourös meisterte Molly auch diese Aufgabe.

Die Springabstammung ihres Vaters war also doch nicht ganz spurlos an ihr vorübergegangen, wie man nach dem ersten Freispringen hätte vermuten können.

Auch Gelassenheitsübungen gehörten zur Ausbildung. Jodie hatte zum ersten Training diverse Gegenstände mitgebracht, die vielen Pferden überaus gefährlich vorkommen, um Mollys Reaktion darauf zu testen.

Bei der ersten Übung lief Molly im Longierhaus auf dem Zirkel. Dann legte Jodie einen hellblauen Gymnastikball etwa zwei Meter vom Hufschlag entfernt in die Bahn. Ohne mit der Wimper zu zucken, lief unsere Kleine zwischen dem Ball und der Wand des Longierzirkels hindurch. Schon das war alles andere als selbstverständlich.

Später, als Molly wieder zum Stehen gekommen war, kickte ich den Gymnastikball auf Jodies Geheiß immer wieder in Mollys Richtung, wobei er gelegentlich auch ihre Beine traf. Wiederum zeigte sie nicht die geringste Reaktion, kein tiefes Atmen, kein Schnorcheln, nichts. Sie blieb einfach ganz ruhig stehen.

Nach dieser Übung hatte Molly erst einmal eine Pause verdient.

Als nächstes kam ein knallgelber Regenschirm zum Einsatz. Jodie zeigte Molly den geschlossenen Schirm und ließ sie daran schnuppern. Dann strich sie mit dem geschlossenen Schirm an Mollys Körper entlang. Schließlich stellte sie sich vor Molly und öffnete den Regenschirm. War Molly bislang ruhig stehen geblieben und hatte interessiert beobachtet, was Jodie da so alles mit dem Schirm und mit ihr anstellte, zeigte sie nun zum ersten Mal eine gewisse Reaktion. Sie zuckte etwas zusammen und machte einen langsamen Schritt rückwärts. Aber sie machte nicht die geringsten Anstalten, wegzulaufen. Jodie klappte den Schirm zusammen und öffnete ihn erneut. Nun war Mollys Reaktion schon deutlich ruhiger. Und ab dem dritten Versuch blieb sie einfach stehen.

Nun bat Jodie Martina, Molly auf den Hufschlag zu schicken und antraben zu lassen. Als Molly auf sie zukam, öffnete Jodie den Regenschirm. Molly verzögerte ganz kurz ihr Tempo, verließ den Hufschlag aber nicht, sondern lief an Jodie vorbei. Runde um Runde wurde die Verzögerung immer geringer, bis Molly schließlich mit unveränderter Geschwindigkeit an dem sich öffnenden Schirm vorbeilief.

Schließlich parierte Martina Molly wieder durch, und Jodie legte den geöffneten Regenschirm mit der Spitze nach unten vor sie auf den Boden. Molly wusste zunächst nicht so recht, was sie davon halten sollte. Sie entzog sich der Situation aber nicht, was ihr durchaus möglich gewesen wäre. Vielmehr siegte nach wenigen Augenblicken ihre Neugier. Sie trat an den Regenschirm heran und beschnupperte ihn. Ja, am Ende wurde sie sogar ein wenig übermütig, nahm den Griff des Schirms ins Maul und hob ihn kurz vom Boden. Schließlich ging Jodie mit dem Schirm auf Molly zu und hielt ihr den Schirm über den Kopf. Kein Problem.

Es war unbeschreiblich! Die Nummer mit dem Regenschirm war schon fast zirkusreif. Ich kenne kein Pferd, das einen sich vor ihm öffnenden Regenschirm schon beim ersten Mal so gelassen weggesteckt hat. Ich hatte erwartet, dass Molly umdrehen und weglaufen oder zumindest stehen bleiben würde. Aber weit gefehlt. Miss Cool ließ wirklich alles mit sich machen.

Wiederum folgte eine Pause. Molly beobachtete die Vorbereitungen auf die nächste Übung mit Interesse.

Nun stand Aussacken mit einer blauen Tragetasche auf dem Programm. Wieder durfte Molly das „Übungsgerät" zu Beginn ausführlich beschnuppern. Schnell begriff sie, dass von der Tasche keine Gefahr ausging, auch dann nicht, wenn sie raschelte. So traute Jodie sich, Molly die Tasche seitlich an den Körper zu legen. Und als sie auch das zuließ, strich sie ihr mit der Tasche über den ganzen Körper. Molly blieb ganz ruhig stehen. Wir hatten den Eindruck, dass sie alles toll fand, solange wir uns nur mit ihr beschäftigten.

Das weiß-rot gestreifte Flatterband, das den Abschluss bildete, war fast schon langweilig. Beschnuppern lassen – rascheln – keine Reaktion – von hinten auf den Rücken auflegen – keine Reaktion – vor bis zum Hals – keine Reaktion – wieder zurück – keine Reaktion ... als ob wir das schon tausendfach mit ihr gemacht hätten.

Freudestrahlend verließen wir das Longierhaus.


Schließlich gab es aber doch noch etwas, das Molly nicht auf Anhieb akzeptieren wollte: die Abschwitzdecke. Eine Zeitlang waren Martina und ich uns nicht ganz sicher, ob Molly wirklich Angst hatte oder ob sie uns nur wieder einmal auf die Probe stellen wollte. Ihre Reaktionen waren nicht ganz eindeutig. Letztendlich kamen wir jedoch zu dem Ergebnis, dass sie nicht mit uns spielte. Nach den positiven Erfahrungen beim Gelassenheitstraining, besonders beim Aussacken mit der blauen Tragetasche, kam Mollys Misstrauen gegenüber der Abschwitzdecke für uns etwas überraschend. Schließlich baten wir Jodie um Hilfe. Und wie es eigentlich nicht anders zu erwarten gewesen war, stellte sich heraus, dass wir in unserer Unerfahrenheit im Umgang mit jungen Pferden einen einfachen Fehler gemacht hatten. Wir waren mit bereits entfalteter Decke seitlich an Molly herangetreten, so wie wir es bei allen unseren Pferden immer gemacht hatten. Diese waren das Prozedere aber bereits seit Langem gewöhnt. Nachdem Molly das Ganze aber noch völlig unbekannt war, hatte sie unsere Annäherung als Versuch interpretiert, sie vertreiben zu wollen. Als Jodie mit der noch zusammengefalteten Abschwitzdecke von vorne an sie herantrat und ihr den Körper entlangstrich, bevor sie sie entfaltete und ihr schließlich über den Rücken legte, ließ Molly sie problemlos gewähren.

Eigentlich wäre es so einfach gewesen. Wir hätten uns nur in Molly hineinversetzen und pferdisch denken müssen.

## Martina steigt ein

Schon wenige Tage, nachdem Jodie mit Molly das erste Mal in der Halle geritten war, sprach sie Martina an: „Du könntest es jetzt eigentlich auch mal versuchen." Offensichtlich hatte Jodie in der kurzen Zeit so viel Zutrauen zu Molly gefasst, dass sie sicher war, dass auch Martina mit ihr gut zurechtkommen würde.

„Meinst Du nicht, dass das noch zu früh ist?", entgegnete Martina. „Ich hab' doch nicht die geringste Ahnung davon, wie man ein so junges Pferd reiten muss!" Martina war nicht wirklich wohl bei dem Gedanken. Jodies Vorschlag kam für sie sehr überraschend.

Aber Jodie ließ nicht locker. „Das ist nicht so schwer, wie Du glaubst. Und außerdem bin ich ja immer dabei und helfe Dir. Ich bin sicher, dass Du das schaffst."

Martina sagte nicht gleich zu, sondern erbat sich Bedenkzeit. Außer der Tatsache, dass Molly erst vor drei Monaten drei Jahre alt geworden war und Martina sich ursprünglich erst nach Mollys fünftem Geburtstag in deren Ausbildung hatte einschalten wollen, sprach nichts gegen Jodies Vorschlag. Die Kleine hatte sich trotz ihres kindlichen Alters auch unter dem Sattel als ausgeglichenes, umgängliches und sehr zuverlässiges Pferd erwiesen. Kein einziges Mal hatte sie unter dem Sattel gebuckelt oder war durchgegangen. Die Arbeit mit Jodie machte ihr viel zu viel Spaß.

Zudem stand es außer Zweifel, dass Jodie Martina das Angebot nicht unterbreitet hätte, wenn sie von deren reiterlichen Fähigkeiten nicht vorbehaltlos überzeugt gewesen wäre.

Natürlich reizte Martina der Gedanke, beim Anreiten ihres Babys mithelfen zu können. Und so sagte sie schließlich zu. Wenn es nicht funktionieren würde, wäre es halb so schlimm. Molly würde von dem einen Versuch sicher keinen bleibenden Schaden zurückbehalten.

Am folgenden Wochenende war es dann soweit. Zunächst ritt Jodie, um sich davon zu überzeugen, dass Molly auch an diesem Tag brav war. Gegen Ende der Trainingseinheit stieg sie ab und forderte Martina auf, zu übernehmen. Nachdem Martina aufgesessen war, führte Jodie sie ein paar Runden im Schritt durch die Halle.

Zum ersten Mal in ihrem Leben spürte Martina, was es hieß, auf einem Pferd zu sitzen, das seine Balance unter dem Reiter noch nicht gefunden hatte. Molly bewegte sich nicht schnurgerade, sondern leicht schlängelnd vorwärts. Noch fehlten ihr die Kraft und das Geschick, um die vom Reiter verursachte Störung ihres Schwerpunkts ausgleichen zu können.

Jodie erklärte Martina, sie solle nur mit minimaler Zügelhilfe reiten. Der Zügel solle zwar nicht durchhängen, er solle aber nur eine leichte Verbindung zu Mollys Maul haben. Von einem so jungen Pferd könne man noch nicht erwarten, dass es die Anlehnung an die Hand des Reiters suche. Dazu habe sie noch viel zu viel mit der mangelnden Balance zu tun. Außerdem müsse Molly sich erst noch an das Gebiss und die Einwirkung des Reiters über den Zügel gewöhnen. Das sei ganz normal und werde sich mit der Zeit von alleine geben. Molly ließe sich aber auch allein mit Gewichts- und Schenkelhilfen sehr gut lenken.

Nach einiger Zeit ließ Jodie Molly los und ging in die Mitte der Halle, um Martina von dort aus Unterricht zu geben. Auch wenn man Martina anmerkte, dass die Situation für sie ungewohnt war, kam sie doch von Anfang an hervorragend mit Molly zurecht. Von Minute zu Minute wurde ihr Gesichtsausdruck lockerer und fröhlicher.

Auch für Molly war es eine neue Erfahrung. Bislang war sie immer von Jodie geritten worden. Nun musste sie sich zum ersten Mal in ihrem Leben auf eine neue Reiterin einstellen. Aber zumindest kannte sie diese ja schon. Molly zeigte keine Angst. Sie blieb wie gewohnt vollkommen ruhig. Lediglich die etwas weiche Konsistenz des Mists, den sie absetzte, zeigte, dass auch sie eine gewisse Aufregung verspürte.

Wie es sich für ordentliches Bodenpersonal gehört, betrat ich die Reitbahn, um Mollys Haufen zu entfernen. Das hätte ich besser nicht getan. Als Molly mich erblickte, kam sie zügigen Schritts freudig zu mir in die Mitte der Bahn und blieb bei mir stehen. Zwar hatte Martina auf dem Hufschlag, also der äußersten Bahn der Reithalle, bleiben wollen, aber Molly ließ ihr keine Chance. Sie wollte zu ihrem „Opa". Eigentlich war es Ungehorsam gewesen. Aber uns allen war klar, dass Mollys Verhalten hauptsächlich der für sie ungewohnten Situation geschuldet war. Daher drückten wir schmunzelnd ein Auge zu. Selbst Jodie fand die Situation so witzig, dass sie lachen musste. Gleichwohl verlängerte Martina den Beritt um einige Runden, bis sie sichergestellt hatte, dass Molly ihrer Hilfengebung gehorsam und willig folgte.

Nach der Trainingseinheit begleitete ich meine beiden Mädels noch ein paar Runden um den Stall. Dabei hatte ich sicherheitshalber die Longe eingehakt. Ich konnte sie aber locker durchhängen lassen, da Molly keinen einzigen falschen Schritt machte. Schon beim nächsten Mal verzichtete Martina auf diese Vorsichtsmaßnahme.

Ab sofort nahm Martina einmal pro Woche Reitunterricht auf Molly. Schritt für Schritt lernte sie, worauf es beim Reiten eines jungen Pferdes ankommt. Dass Jodie Martina schon so früh aufgefordert hatte, Molly zu reiten, bewies, dass sie ihre Handführung als selbst für ein junges Pferd feinfühlig und sanft genug ansah. Welches Lob für Martinas reiterliche Fähigkeiten!

Martina machte ihre Sache ausgezeichnet. Unter Jodies Anleitung hatte sie sich schnell in die für sie völlig neue Situation eingefunden. Am ungewohntesten war es für sie, nur mit ganz wenig Zügelhilfe also fast ausschließlich mit Gewichts- und Schenkelhilfen zu reiten. Aber Jodie ermunterte sie, ruhig auch mit den Molly bekannten Stimmhilfen zu arbeiten, wenn es mal nötig wäre.

Ungewohnt war für Martina anfänglich auch, dass Molly ein völlig anderes Bewegungsmuster hatte als ihre Mutter. Während Macy beispielsweise im Trab eine gleichmäßige und raumgreifende Bewegung zeigte, fehlte Molly hierfür noch die Kraft. Statt wenigen kraftvollen Tritten machte sie in der gleichen Zeit viele kurze Tippelschritte. Ihre Hufe berührten den Boden nur kurz, sie hufte bei jedem Schritt sehr schnell wieder ab. Dadurch musste sie bei jedem einzelnen Tritt weniger Last aufnehmen. Doch konsequentes Training würde Mollys Muskulatur mit der Zeit immer weiter stärken. Ihre Tritte würden an Kraft gewinnen und ihr „Nähmaschinentrab" würde sich von ganz alleine geben.

Als sich Martina an Mollys Bewegungen gewöhnt hatte, begann Jodie auch unter dem Sattel mit der Stangenarbeit in Schritt und Trab. Das kannte Molly ja schon vom Longieren. Aber nun legte Jodie ihr nicht nur eine einzelne Stange, sondern drei bis fünf Stangen in gleichmäßigem Abstand auf den Boden. Molly musste lernen, den Abstand der Stangen zu erkennen und ihre Schrittlänge daran anzupassen, wollte sie nicht mit den Hufen gegen die Stangen stoßen. Gleichzeitig musste sie ihre Beine etwas stärker anheben, was das kraftvollere Abhufen trainieren sollte. Eine hervorragende Übung für die Bewegungskoordination.

Die Kleine hatte den Bogen schnell raus. Geschickt schätzte sie die Distanzen ab und passte ihre Bewegungen daran an, sei es im Schritt oder im Trab. Auch Cavalletti, d.h. Stangen, die durch kreuzförmige Seitenteile in unterschiedlicher Höhe vom Boden angeordnet werden können, stellten für sie kein Problem dar. Fleißig hob sie ihre Füße. Und sie schien ausgesprochen Spaß an diesen Geschicklichkeitsübungen zu haben. Nach jeder Trainingseinheit machte sie den Eindruck, als sei sie mit sich und ihrer Leistung sehr zufrieden.

Schließlich nahm Jodie auch noch den Galopp hinzu. Es begann wieder mit einer einzelnen auf den Boden gelegten Stange. Jodie wies Martina an, Molly einfach darauf zuzureiten, es aber ganz alleine ihr zu überlassen, die richtige Distanz zu wählen. Nach zwei, drei Versuchen hatte Molly verstanden, was von ihr verlangt wurde. Nun stellte Jodie ein Cavalletto auf eine Höhe von etwa 20 cm ein. Martina, die über keinerlei Erfahrung im Springreiten verfügte, protestierte. Doch Jodie beruhigte sie. Das sei noch kein Sprung, ja es verlange Molly noch nicht einmal einen kräftigeren Galoppsprung ab, sondern nur, dass sie ihre Beine ordentlich hebe. Martina werde nicht die geringsten Probleme damit haben. Schließlich ließ Martina sich überreden und alles ging glatt.

Mollys Stangen- und Cavalletti-Training sprach sich im Stall schnell herum. Martina wurde von mehreren anderen Pferdebesitzern gefragt, ob sie nicht vielleicht auch einmal daran teilnehmen dürften. Auf diese Weise fand sich bald eine nette Runde zusammen, die sich jedes Wochenende zur gemeinsamen Stangen- und Cavalletti-Arbeit unter Jodies Anleitung traf.

In den folgenden Wochen und Monaten steigerte Jodie die Höhe der Hindernisse bis auf etwa 40 cm.

Nun musste Molly tatsächlich zu einer richtigen Sprungbewegung ansetzen, um das Hindernis zu überwinden. Martina hatte in der Zwischenzeit so viel an Sicherheit gewonnen, dass ihr auch das nichts mehr ausmachte. Geschickt ging sie mit Mollys Bewegung mit.

Jodie erklärte uns, dass junge Pferde zu Beginn der Ausbildung noch nicht in Richtung Dressur- oder Springreiten spezialisiert werden sollten. Vielmehr sei eine allumfassende Ausbildung wichtig. Eine frühzeitige Spezialisierung führe gerade bei jungen Pferden aufgrund zu großer Monotonie häufig zu Langeweile. Daher sei es ihr auch wichtig, dass Molly immer wieder ins Gelände komme. Sie solle so vielen neuen Eindrücken wie möglich ausgesetzt werden, damit sie lernen könne, mit Unruhe in ihrer Umgebung umzugehen. Ansonsten bestehe die Gefahr, dass sie schreckhaft werde und bei der geringsten Störung und sei es auch nur das Rascheln eines Vogels in einem Gebüsch davonstürme.

Daher machten es sich sowohl Jodie als auch Martina zur Angewohnheit, mit Molly nach jeder Trainingseinheit noch eine kleine Runde um die an den Waldnerhof angrenzenden Wiesen zu drehen. Immer wieder ritten sie auch gemeinsam, wobei sie abwechselnd auf Macy und Molly saßen.

Es war eine wahre Freude, Martina und Molly bei der Arbeit zu beobachten. Die beiden hatten so viel Spaß miteinander. Was auch immer Martina mit Molly versuchte, alles klappte. Molly arbeitete immer fleißig und willig mit und zeigte sich sehr lernfreudig. Ja, sie wurde immer ehrgeiziger. Hatte sie sich einmal mit einer Distanz verschätzt und die Füße angeschlagen, schnaubte sie unwirsch, und man konnte sicher sein, dass ihr das beim nächsten Durchgang nicht noch einmal passieren würde. Molly wollte es Jodie und Martina immer recht machen. Sie war eine richtige kleine Streberin. Manchmal schoss sie in ihrem Eifer sogar etwas über das Ziel hinaus. So versuchte sie immer vorauszuahnen, was ihre Reiterin wohl als nächstes von ihr verlangen könnte, und führte dies dann in vorauseilendem Gehorsam schon aus, bevor ihr die entsprechenden Hilfen gegeben worden waren. Aber dieser Übereifer war allemal besser, als wenn sie sich nicht freiwillig vom Fleck bewegt hätte. Martina und Jodie mussten sich bewusst zurückhalten, um Mollys Leistungsbereitschaft nicht überzustrapazieren und ihr nicht doch irgendwann einmal die Freude an der Arbeit zu verleiden.

## Molly macht Fortschritte

Hatte Mollys Ausbildung bislang nahezu täglich etwas Neues gebracht, so verliefen die nächsten Wochen und Monate etwas weniger aufregend.

Jetzt galt es zunächst einmal, Mollys Muskulatur durch ein ausgewogenes Bewegungstraining behutsam aufzubauen. Je kräftiger Mollys Muskulatur werden würde, desto leichter würde es ihr auch unter dem Sattel fallen, in allen Gangarten ihre Balance zu finden und zu halten. Je gleichmäßiger ihre Bewegungen werden würden, desto bereitwilliger würde sie das Gebiss annehmen und über Gebiss und Zügel die Anlehnung an die Hand ihrer Reiterin suchen. Zudem würde eine gut trainierte Muskulatur einen großen Teil der Bewegungskräfte aufnehmen und dadurch ihre noch nicht ausgewachsenen Knochen und Gelenke entlasten.

Jodie sorgte nach wie vor für ein abwechslungsreiches Training. Neben der Dressurarbeit standen immer wieder Springen, Longieren, Gelassenheitsübungen sowie Ausritte auf dem Programm.

Bei der Dressurarbeit fiel uns schon bald auf, welch große Ähnlichkeit Mollys Bewegungen mit jenen ihrer Mutter aufwiesen. Am stärksten fiel uns das im Trab auf. Sehr schnell hatte die Kleine so viel an Sicherheit gewonnen, dass ihre Trabschritte fast genauso locker und geschmeidig mit konstanter Frequenz und gleichmäßigem Raumgriff aufeinanderfolgten wie jene ihrer

Mutter. Auch ihre Schweifhaltung erinnerte an ihre Mutter. Molly ließ den Schweif nicht locker hängen, schlug aber auch nicht heftig mit ihm hin und her, wie manch andere Pferde dies tun. Vielmehr trug sie ihn wie ihre Mutter zwar ruhig, aber leicht angehoben, ganz so, als würde sie das Reiben der Schweifrübe an den Pobacken stören. Auch die Schwankungen in ihren Bewegungen waren so schwach geworden, dass Jodie und Martina sie zwar noch fühlen konnten, sie für den Betrachter aber nur schwer zu erkennen waren. Es kam nicht nur einmal vor, dass andere Einsteller erst auf den zweiten oder dritten Blick unterscheiden konnten, ob da gerade Molly oder Macy geritten wurde.

Beim Springen zeigte Molly jedoch erheblich mehr Talent als ihre Mutter, eine Veranlagung, die sie ganz offensichtlich von ihrem Vater geerbt hatte.

Molly war eine perfekte Mischung aus Vater und Mutter.

Auch wenn Molly bei der Dressurarbeit stets engagiert mitmachte und auch hier den Ehrgeiz entwickelte, immer alles richtig machen zu wollen, wurde ihr besonderes Faible für das Springen recht bald deutlich. Beim Springtraining musste man sie regelrecht zurückhalten. Am liebsten wäre sie die ganze Zeit durchgesprungen. Während der Pausen, wenn andere Pferde an der Reihe waren, wurde sie häufig quengelig. Sobald sie hörte, dass Jodie ihren Namen aufrief, wollte sie auch schon los. Dass Jodie Martina gelegentlich noch erklären wollte, welche Sprünge nun in welcher Reihenfolge zu absolvieren waren, leuchtete ihr nicht ein. Jodie ging daher zeitweise sogar dazu über, nicht Mollys, sondern Martinas Namen aufzurufen.

Aber auch in einer anderen Situation zeigte sich, wie viel Spaß Molly das Springen bereitete. Im Sommer verlegte Jodie auch das Dressurtraining gelegentlich auf den Springplatz und ließ Martina und Molly im Slalom um die Hindernisse reiten, damit Molly sich in den Kurven ordentlich biegen musste. Es hatte sich nämlich gezeigt, dass sie sich gerade auf der rechten Hand nicht so gern biegen wollte. Zwar war die rechte Hand nach wie vor Mollys Lieblingshand, aber sie hatte die Tendenz, immer etwas in Außenstellung zu laufen, d.h. den Kopf eher nach links als nach rechts gewandt zu haben, um sich nicht reell biegen zu müssen. Als ihr die Dressurübungen zu anstrengend wurden, versuchte Mademoiselle, sich dem Ganzen dadurch zu entziehen, dass sie plötzlich auf ein Hindernis zu hielt und Martina quasi vorschlug, man könne doch zur Abwechslung mal einen Sprung einbauen. Martina gebot diesem Versuch natürlich umgehend Einhalt und hielt sie auf der vorgegebenen Linie. Insgeheim amüsierten sie und Jodie sich aber königlich über Mollys Ideenreichtum.

Es war insbesondere für Martina so bereichernd, dass sie in solchen Situationen immer sicher sein konnte, dass sich da nicht gerade der Anfang vom Ende ankündigte, sondern Molly in ihrer unnachahmlich witzigen Art nur mal wieder den Schalk in ihrem

Nacken hatte aufblitzen lassen. Mit ihr wurde es einfach nie langweilig.

Das Springtraining war für Martina von Anfang an eine große Herausforderung gewesen, da sie sich bislang ausschließlich dem Dressursport verschrieben hatte. Daher hatte sie die Sorge, dass sie Molly durch ihr Unvermögen schaden könne. Aber wiederum beruhigte sie Jodie. Erstens mache sie ja mit Molly regelmäßig auch Springausbildung, so dass diese immer schon wisse, worum es gehe. Und zweitens würde sie die Höhe der Hindernisse im Hinblick auf Mollys kindliches Alter ja ohnehin nur ganz langsam steigern. Martina habe also alle Zeit der Welt, sich langsam von einem stärkeren Galoppsprung zu einem richtigen Sprung vorzuarbeiten. Bislang habe sie es im Stangen- und Cavalletti-Training ja auch sehr gut hinbekommen, Molly mit nur wenig Zügelhilfe zu reiten, und das bisschen Springen sei auch nicht viel anders. Außerdem könne sich Martina darauf verlassen, dass sie schon intervenieren werde, sobald sie auch nur im Ansatz den Eindruck bekäme, dass Molly Schaden nehmen könne.

Natürlich kam es nie zu einer derartigen Intervention. Auch wenn man Martina die mangelnde Praxis im Springreiten durchaus anmerkte, machte sie ihre Sache sehr gut. Außerdem wurde sie von Molly nach Kräften unterstützt. Die Kleine gab Martina deutlich zu verstehen, dass sie ihr eigentlich nur zeigen müsse, welches Hindernis als nächstes an der Reihe war. Den Rest würde sie dann schon machen. Und so brauchte sich Martina anfänglich nur auf ihren Bewegungsablauf über dem Hindernis zu konzentrieren.

Im Laufe der Zeit gewann Martina an Routine und lernte auch, Molly in der richtigen Distanz an das Hindernis heranzureiten. Nach knapp einem Jahr Springtraining war Martina soweit, dass sie mit Molly im Rahmen des Dreikönigsspringens auf dem Waldnerhof einen Oxer von nicht ganz einem Meter Höhe absolvierte. Auch wenn sich Molly bei dem Sprung noch nicht wirklich angestrengt hatte und noch viel Luft zwischen der obersten Stange und Mollys Hufen gewesen war, beendete Martina das Springen nach diesem Sprung. Es war eine erste Standortbestimmung, mit deren Ergebnis auch Jodie zufrieden war.

Schon kurz nach Mollys Einzug auf dem Waldnerhof hatte ich Jodie erzählt, wie gerne ich mit Molly neben dem „normalen" Longieren und dem Gelassenheitstraining auch an der Doppellonge und vor allem am langen Zügel arbeiten würde. „Da wirst Du Dich noch etwas gedulden müssen", hatte mir Jodie zur Antwort gegeben. „Bevor wir damit anfangen können, muss Molly zuerst gelernt haben, an das Gebiss heranzutreten. Je nachdem, wie sie sich anstellt, kann das aber schon in einem Jahr sein." Und tatsächlich überbrachte mir Martina schon wenige Wochen nach Mollys viertem Geburtstag die frohe Botschaft, wir könnten es nun einmal mit der Doppellonge versuchen.

Natürlich übernahm zunächst Jodie. Da Molly noch nie zuvor an der Doppellonge gegangen war, wollte sie erst einmal selbst sehen, wie Molly auf die seitlich an ihrem Körper entlang laufenden Leinen reagieren würde, bevor sie an mich übergab.

Während sie Molly longierte, erklärte mir Jodie, worauf ich achten müsse. Vor allem sollte ich anfänglich so wenig wie möglich mit den Leinen einwirken, da sich Molly ja gerade erst an das Gebiss gewöhnt habe, und wir ihr kein negatives Erlebnis verschaffen wollten. Eine schöne Haltung nehme Molly ja ohnehin von alleine ein, da müsse man über den Zügel bzw. die Longierleinen gar nichts machen. Ich solle nur darauf achten, dass sie sich ordentlich biege. Um die Außenstellung zu verhindern, könne ich die innere Leine durchaus einmal annehmen, aber nur ganz kurz, dann solle ich unbedingt sofort wieder loslassen. Eigentlich reiche derzeit allein das Gewicht der Leinen aus, um Molly bei jedem Schritt eine kleine Parade zu geben. Und um die Biegung zu unterstützen, könne ich mit der Longierpeitsche immer wieder in Richtung von Mollys Bauch deuten. Ich solle die Longierpeitsche danach aber sofort wieder absenken, ansonsten verpuffe ihre Wirkung sehr schnell.

Jodie war sehr vorsichtig, was mich anbelangte. Das war aber auch mehr als verständlich. Sie wusste von mir ja nur, dass ich mit Molly einen liebevollen Umgang pflegte. Aber sie hatte mich noch nie im Sattel gesehen. Und so konnte sie auch nicht einschätzen, ob ich eine feinfühlige oder eher eine grobe Hand hatte. Daher war es ihr zunächst lieber, dass ich die Leinen etwas durchhängen ließ und eher zu wenig einwirkte, als dass ich sie anstehen ließ und zu viel einwirkte.

Jodies Vorsicht kam mir sehr entgegen. Aus Martinas Erzählungen wusste ich, dass man mit den Zügelhilfen bei Molly noch sehr zurückhaltend sein musste. Zudem hatte ich bislang noch nie ein anderes Pferd als Salt an der Doppellonge gehabt, geschweige denn ein so junges Pferd wie Molly. Neben der Vorfreude auf die Arbeit mit Molly schwang da eine gehörige Portion Skepsis mit, ob ich der Aufgabe gewachsen sein würde. Denn das Letzte, was ich wollte, war, einen negativen Beitrag zu Mollys Ausbildung zu leisten. Ganz direkt bat ich Jodie daher, es mir sofort zu sagen, wenn sie den Eindruck habe, dass mein Einwirken zu unsensibel sei.

Hilfreich war für mich die Tatsache, dass Molly von ganz alleine eine Haltung einnahm, in der ihre Stirnlinie nahezu senkrecht verlief, dass sie aber dann, wenn sie dem Zügel ausweichen wollte, sich hinter der Senkrechten verkroch. Ein untrügliches Zeichen für zu starke Einwirkung. Bevor ich reagieren konnte, wurde ich aber meist schon von Jodie angewiesen, nachzugeben und stärker treibend einzuwirken. An der Schnelligkeit meiner Reaktionen musste ich unbedingt noch arbeiten. Ich musste mir eingestehen, dass ich ziemlich aus der Übung war. Immerhin war es mehr als vier Jahre her, dass ich mit Salt zuletzt an der Doppellonge gearbeitet hatte.

Es war wirklich gewöhnungsbedürftig, wie sensibel Molly auf jede Einwirkung reagierte. Auch wenn Martina dies im Sattel noch stärker spürte, bekam ich doch auch an der Doppellonge einen guten Eindruck von den immer noch leicht schwankenden Bewegungen unserer Kleinen. Egal wie sanft ich die Leinen annahm, stets folgte Molly der Hilfe umgehend, indem sie sich leicht nach innen bzw. außen bewegte.

Besonders auf der rechten Hand wollte sich Molly, wie ich wusste, nicht so gerne biegen und neigte zur Außenstellung. Wenn ich aber die innere Leine annahm und mit der Longierpeitsche auf ihren Bauch deutete, reagierte sie nicht selten mit zwei ebenso einfachen wie effektiven Maßnahmen. Sie erhöhte ihr Tempo und verringerte die Distanz zu mir. Hierdurch konnte sie sich meinen Hilfen sehr wirkungsvoll entziehen, da ich durch die nunmehr durchhängenden Leinen jedwede Einwirkung verloren hatte. Zu Beginn musste ich die Zügel zu meinem Leidwesen immer wieder an Jodie abgeben, da ich mit der Situation überfordert war. Auch wenn ich mit Molly sonst kein Autoritätsproblem hatte, an der Doppellonge klappte es nicht so mit uns. Sie nahm mich einfach nicht ernst und trickste mich nach Strich und Faden aus, sobald ich etwas von ihr verlangte, was Mademoiselle als zu anstrengend empfand.

Jodie hatte meine Fehler sehr schnell analysiert. In meinem Bestreben, ja nichts falsch zu machen, war meine Körpersprache sehr zögerlich und defensiv geworden. Erhöhte Molly ihr Tempo und überholte mich, wurde ich bei dem Versuch, sie abzubremsen, langsamer. Dadurch geriet ich hinter sie, was die Sache nur weiter verschlimmerte, weil ich in dieser Position eher treibend auf sie einwirkte. Und verringerte Molly die Distanz zu mir, wich ich in dem Versuch, die alte Distanz wiederherzustellen, nach hinten aus, wodurch ich Molly nur noch mehr Raum für ihren Ungehorsam bot.

Ich musste lernen, diese unbewussten Verhaltensweisen abzustellen. Und ich musste lernen, Mollys Aktionen besser vorherzuahnen, um ihnen schon im Voraus entgegenwirken zu können. Vor allem aber musste ich schneller werden und durfte Molly nicht den Hauch einer Chance geben, mich zu überholen. Und für den Fall, dass es ihr doch einmal gelingen sollte, musste ich Mittel und Wege finden, sie durch andere Übungen wieder unter Kontrolle zu bringen, ohne zu stark auf sie einwirken zu müssen.

Das mit dem Schnellerwerden war einfacher gesagt als getan. Rascheres Gehen kann ganz schön anstrengend sein. Aber laufen durfte ich nicht, da Molly dies als Aufforderung zum Angaloppieren aufgefasst hätte. Nicht selten rann mir der Schweiß von der Stirn in die Augen. Während Molly das Longierhaus selten verschwitzt verließ, war es bei mir gerade umgekehrt. Aber Übung machte auch hier den Meister.

Die Mühen lohnten sich. Mit der Zeit schaffte ich es immer besser, auch in kritischen Situationen vor Molly zu bleiben. Und mit Jodies Hilfe hatte ich auch gelernt, wie ich Molly wieder zur Raison bringen konnte, wenn sie es doch einmal geschafft hatte, mich zu überholen. Mit einfachen Gehorsamsübungen konnte ich meine Autorität, die von Molly gerade in Frage gestellt wurde, letztlich doch wieder herstellen. Ich brauchte sie nur durchzuparieren und Schritt gehen zu lassen. Viel lieber wäre Molly getrabt und sie versuchte auch immer wieder, von alleine anzutraben. Aber gerade dadurch, dass ich es schließlich schaffte, sie im Schritt zu halten, kam sie etwas runter, so dass ich autoritätsmäßig wieder die Oberhand gewinnen konnte.

Natürlich stand mir Jodie in diesen Situationen immer mit Rat und Tat zur Seite. Ihr verdanke ich es, dass Molly und ich uns allmählich auch an der Doppellonge zusammenrauften.

Nach und nach nahmen wir im Schritt auch die Arbeit am langen Zügel dazu, bei der ich mich nicht in der Mitte des Longierzirkels, sondern hinter Molly befand.

Anfänglich nutzten wir den langen Zügel nur zum Handwechsel bei der Arbeit an der Doppellonge. Später kamen auch noch weitere Übungen dazu. Es fing natürlich mit einfachen Übungen wie Volten, Stehenbleiben und Rückwärtsrichten an. Gelegentlich baute Jodie uns aus Hütchen und Stangen einen kleinen Parcours auf, den Molly und ich absolvierten. An von Hütchen vorgegebenen Stellen mussten wir eine Volte nach links oder rechts machen, zwischen zwei Stangen stehen bleiben, ein paar Schritte rückwärts richten und dann wieder antreten. Später nutzte Jodie die Arbeit am langen Zügel aber auch für die Vorbereitung von Lektionen für die Dressurarbeit unter dem Sattel. So übte sie beispielsweise die Seitwärtsgänge, bei denen sich sowohl die Vorderbeine als auch die Hinterbeine seitlich kreuzend bewegen müssen, dadurch, dass sie mit einer Gerte das jeweils gefragte Bein leicht touchierte, während ich mit Molly am langen Zügel vorwärts schritt. Bei allen diesen Übungen arbeitete Molly stets aufmerksam mit und kapierte rasch, was wir von ihr wollten.

Nach einiger Zeit fiel mir auf, dass Molly während der Arbeit am langen Zügel meine Autorität nie in Zweifel zog. Aber wahrscheinlich lag das nur daran, dass wir uns am langen Zügel bislang immer nur im Schritt bewegt hatten, so dass es für Mademoiselle nie zu anstrengend wurde.

Als das Wetter im Frühjahr endlich schöner wurde, meinte Jodie eines Tages, Molly habe während der letzten Tage so brav mitgearbeitet, dass wir es durchaus mal etwas lockerer angehen lassen könnten. Wenn ich einverstanden sei, könnten wir mit Molly zur Belohnung doch am langen Zügel um den Stall gehen. Natürlich war ich sofort dabei. Ich erinnerte mich an die vielen schönen Stunden, die ich auf diese Weise mit Salt im Gelände verbracht hatte, und war gespannt, wie Molly die neue Situation aufnehmen würde.

Beim Führen läuft der Mensch auf Höhe des Pferdekopfes unmittelbar neben dem Pferd. Da die Leitstute der Herde stets vorangeht, ist dies die dem Pferd vertrauteste Position. Im Sattel sitzt der Mensch zwar hinter dem Kopf des Pferdes, hat aber immer noch direkten Kontakt zu dessen Körper und kann somit unmittelbar auf das Pferd einwirken. Am langen Zügel jedoch befindet sich der Mensch hinter dem Pferd, wo sich normalerweise nur rangniedrigere Herdenmitglieder aufhalten. Zudem kann man über die Leinen und die Stimme nur indirekten Kontakt zum Pferd halten. Sich dem Menschen auch in dieser Situation anzuvertrauen, ist für Pferde alles andere als selbstverständlich.

Um es für Molly leichter zu machen, lief Jodie auf Höhe ihres Kopfes neben ihr her, aber ohne sie zu führen. Von dieser Position aus hätte Jodie notfalls auch eingreifen können, wenn Molly vor irgendetwas gescheut hätte.

Ich hatte eine leichte aber stete Verbindung zu Mollys Maul. Sie nahm das Gebiss sehr gut an, als suche sie geradezu den Kontakt zu mir. Jodie und ich redeten sowohl miteinander als auch mit Molly, um ihr auch über unsere Stimmen zu zeigen, dass alles in Ordnung war. Die Kleine war sichtlich froh, dass wir beide bei ihr waren. Ihre Ohren wanderten zwischen Jodie und mir ständig hin und her.

Auf unserem Ausflug besuchten wir jeden Winkel der Reitanlage. Auf dem Außenlongierzirkel, dem Springplatz und dem Dressurplatz drehten wir zu Beginn ein paar Runden, damit sich Molly mit der Situation vertraut machen konnte. Auf dem Springplatz nutzte ich wie damals mit Salt zudem die Gelegenheit, bei einem Slalom um die Hindernisse Mollys Lenkbarkeit zu testen. Sie reagierte sehr gut auf meine Hilfen, auch wenn sich zeigte, dass unsere Zusammenarbeit noch einer gehörigen Portion Feintunings bedurfte. Aber wir standen ja auch erst am Anfang. Und auf dem Dressurplatz bauten wir mit Anhalten,

Rückwärtsrichten und einigen Handwechseln schließlich auch noch ein paar Dressurlektionen ein.

Jetzt fehlte eigentlich nur noch ein wenig Gelassenheitstraining. Also schlug ich Jodie vor, hinter der Scheune herumzugehen. Hier kommen die Pferde des Waldnerhofs normalerweise nur selten vorbei, da die dort abgestellten Gerätschaften vielen Pferden nicht ganz geheuer sind. Jodie meinte, wenn ich mir das zutraue, dann solle ich das gerne versuchen. Gesagt, getan. Molly machte ihre Sache prima und lief zügigen Schritts vor mir her, auch wenn ich an ihrem leisen Schnorcheln merkte, dass sie sich nicht vollends sicher fühlte. Ich unterstützte sie nach Kräften durch beständiges gutes Zureden.

Als wir auf unserer Runde das nächste Mal am Haupteingang des Stalltrakts vorbeikamen, machte Molly ansatzweise den Versuch eines Einkehrschwungs, den ich ihr aber verwehrte. Nach weiteren hundert Metern hatten Jodie und ich dann am Seiteneingang doch ein Einsehen mit ihr und entließen sie in ihren wohlverdienten Feierabend.

Nach den teils frustrierenden Erlebnissen an der Doppellonge war ich mehr als glücklich, dass der erste Ausflug am langen Zügel so toll geklappt hatte.

In den nächsten Wochen machten Molly und ich bei der Arbeit am langen Zügel gute Fortschritte. Immer weiter zogen wir mit Jodie unsere Kreise um den Waldnerhof, auch ins Gelände. Aber immer gehörten mit einem Slalom um die Bäume einer kleinen Allee, Hinterhandwendungen auf einem Feldweg und dergleichen auch Dressurlektionen zu unserem Programm. Zudem ließ Jodie immer mehr Abstand zu Molly. Ja, an einer sehr engen Wegstelle ließ sie der Kleinen und mir sogar den Vortritt. Molly war die Ausflüge am langen Zügel mittlerweile aber schon so gewöhnt, dass es für sie nichts Besonderes mehr war, hier alleine voranzugehen. Da gab es kein Zögern und kein Schnorcheln, ja nicht einmal ein schweres Atmen.

Als wir eines Tages am Longierplatz vorbeikamen, auf dem sich nach einem heftigen Regen eine riesige Pfütze gebildet hatte, fragte mich Jodie unter dem Eindruck dieser Fortschritte, ob ich es mir zutraue, Molly am langen Zügel durch die Pfütze zu bugsieren, sie sei mit ihr am Vortag mehrfach ohne Probleme durch die Pfütze geritten. Ich antwortete, dass ich nicht so recht wisse, ob mir das gelänge. Molly habe in der letzten Zeit doch eine recht große Abneigung dagegen entwickelt, sich die Füße nass zu machen. Jodie ermutigte mich jedoch, zumindest einen Versuch zu wagen. Und wenn es nicht klappe, dann sei sie ja auch noch da.

Es kam, wie es kommen musste. Nach etlichen vergeblichen Versuchen übergab ich die Leinen an Jodie. Immerhin hatte ich es mit viel Geduld geschafft, Molly mit den Hufspitzen zumindest andeutungsweise in die Pfütze zu lotsen, allerdings hatte sie es jedes Mal mit einer irrwitzigen Schrittkombination verstanden, sich meinem Ansinnen letztendlich doch zu entziehen. Manchmal meinte ich, den Ansatz eines Grinsens in Mollys Gesicht zu erkennen.

Auch bei Jodie klappte es nicht auf Anhieb. Aber sie gab nicht auf. „Wir sind erst dann fertig, wenn sie durch die Pfütze gegangen ist! Da müssen wir jetzt durch. Wir dürfen Molly nicht mit einem Ungehorsam davon kommen lassen. Man sieht es ihr doch an, dass sie einfach nur nicht will. Da ist auch nicht die Spur von Angst in ihren Augen."

Wieder einmal ging es also um das „Ich sage, wo's lang geht!" und das „Ich bin der sturere Esel!"

Auch bei Jodie versuchte Molly ihr Spiel mit den abstrusen Schrittkombinationen. Also wählte Jodie eine andere Taktik. Sie stellte Molly frontal an den Rand der Pfütze und griff nur ein, wenn Molly ausweichen wollte. Nach einiger Zeit wurde es Molly zu langweilig. Neugierig begann sie, die Pfütze näher zu untersuchen. Sie schnubbelte sogar mit ihrer Oberlippe in der Pfütze herum. Ein deutliches Zeichen dafür, dass sie sich vor der Pfütze tatsächlich nicht fürchtete. Später ging sie dazu über, aus Überdruss mit einem Vorderhuf in der Pfütze zu planschen. Jodie unterband dies. Aber das Planschen war ein guter Anfang, denn dadurch waren ihre Füße nass geworden. Durch ein leichtes Antippen mit der Longiergerte konnte Jodie Molly schließlich doch noch dazu überreden, durch die Pfütze zu laufen. Nach ein paar Wiederholungen beendete eine amüsierte, aber auch erleichtert strahlende Jodie das Pfützentraining mit den Worten „Ich hätte nicht gedacht, dass sie sooo stur sein würde."

Schon wenige Tage später bot sich erneut die Gelegenheit, mit Molly über ihr Verhältnis zu Wasser zu diskutieren.

In einem Reitstall in der Nachbarschaft gab es eine Geländestrecke, auf der man auch als Externer gegen Entgelt reiten durfte. Jodie hatte ihren Springschülern vorgeschlagen, bei schönem Wetter doch einmal einen gemeinsamen Ausflug dorthin zu machen und auf dieser Geländestrecke zu trainieren. Die Abwechslung werde den Pferden gut tun.

Auf einem etwa zwei Hektar großen Areal hatte der Besitzer des Reitstalls mit sehr viel Mühe und Liebe zum Detail eine Geländestrecke gebaut, die keinen Wunsch offen ließ. Neben einer großen Reitwiese, auf der verschiedene Naturhindernisse standen, gab es in unterschiedlicher Welligkeit bergauf und bergab führende Reitwege. Längs davon zu reiten, war eine hervorragende Übung für die Rückenmuskulatur der Pferde. Einer dieser Reitwege schloss an seinem einen Ende mit Sprüngen unterschiedlicher Höhe ab. Je nachdem, von welcher Seite man anritt, musste man den Sprung also bergauf oder bergab absolvieren. Ferner gab es einen Hügel stattlicher Größe, an dem man auf Wegen unterschiedlicher Steilheit das Bergauf- und Bergabreiten trainieren konnte. Das Highlight aber war ein langgestreckter Teich mit einer kleinen Insel. Sein eines Ende konnte man quasi als Furt durchqueren. Man konnte ihn aber auch der Länge nach passieren. Etwa auf halber Strecke stand ein Sprung im Wasser, an dem man alternativ seitlich vorbeireiten konnte. Am Ende musste man dann noch einen kleinen Bergaufsprung absolvieren, wenn man den Teich wieder verlassen wollte.

Als Jodie zum Abschluss des Geländetrainings noch das Reiten im Teichs üben wollte, schienen alle Pferde stillschweigend miteinander vereinbart zu haben, nur bis zum Ufer zu gehen, aber auch nicht eine Huflänge weiter. Ob es der sich in der Wasseroberfläche spiegelnde Himmel war oder eine Urangst vor möglicherweise in dem Teich lauernden Krokodilen, lässt sich schwer sagen. Jedenfalls setzte nicht eines der Pferde auch nur einen Huf hinein. Und selbstverständlich schloss sich auch Molly dem allgemeinen Boykott an.

Eine in dem Reitstall heimische Reiterin, die mit ihrem Pferd ebenfalls auf der Geländestrecke trainiert hatte, beobachtete die Szene. Sie war für sie offensichtlich nicht ganz ungewohnt. Ihr Pferd hatte keine Scheu vor dem Teich, denn sie war mit ihm etliche Male problemlos hindurchgeritten. Freundlicherweise bot sie an, der Gruppe voranzugehen, denn häufig erleichtert es der Herdentrieb, die Scheu vor etwas Unbekanntem zu überwinden. Und tatsächlich folgte Molly, die unmittelbar an der Wasserlinie stand, dem Teich-erfahrenen Pferd ohne Zögern. Während die hilfsbereite Reiterin nach und nach auch die anderen Pferde ins Wasser „zog", erkundete Martina mit Molly den Teich. War die Kleine anfänglich noch etwas zögernd vorangeschritten, gewann sie schon bald immer mehr an Sicherheit. Ja, mit der Zeit schien sie an den aufspritzenden Wassertropfen richtiggehend Spaß zu haben.

Jodie schlug vor, Martina solle den Teich immer wieder einmal verlassen und kurz danach wieder in ihn einreiten, damit Molly allmählich die Scheu vor dem entscheidenden Schritt vom Land ins Wasser verlor.

Molly machte ihre Sache prima. Beim ersten Versuch, alleine ins Wasser zu gehen, zögerte sie zwar noch einen kurzen Moment, ließ sich von Martina aber doch den Impuls geben, die Uferlinie zu überschreiten. Anschließend klappte es problemlos, und zwar auch an den anderen Zugängen des Teiches.

Beim nächsten Geländetraining, das nur wenige Tage später stattfand, bedurfte es nicht mehr viel Überredungskunst, um Molly dazu zu bewegen, in den Teich zu gehen. Dieses Mal stand auf dem Programm, sich dort nicht nur im Schritt, sondern auch in den anderen Gangarten zu bewegen, und diesen auch im Trab und im Galopp zu betreten und zu verlassen. Vor allem der Galopp machte Molly Spaß. Sie genoss die nach allen Seiten weg spritzende Gischt. Und auch Martina strahlte über das ganze Gesicht. Ich konnte es den beiden nur zu gut nachempfinden, erinnerte mich die Szene doch an die Glücksmomente, die ich auf meinen Ausritten mit Salt beim Durchpreschen der Furt gehabt hatte.

Mollys Ausbildung bereitete nicht nur Martina und Jodie viel Vergnügen. Molly gab uns immer das Gefühl, dass auch sie viel Freude an der Arbeit mit den beiden hatte.

Sicher kam sie immer wieder mal an einen Punkt, an dem es ihr zu anstrengend wurde und sie versuchte, es sich leicht zu machen. Sie entwickelte dabei durchaus große Phantasie in der Wahl der Mittel. Entweder begann sie, sich unter ihrer Reiterin wie ein Aal schlängelnd zu bewegen, oder sie bot einfach eine andere Lektion an, als wolle sie sagen: „Wäre es nicht viel netter, wenn wir jetzt mal das probieren würden?" Martina und Jodie konnten gelegentlich ein Lachen nur mühsam unterdrücken. Das Wichtigste war aber, dass Molly auch in diesen Situationen nie widersetzlich wurde, stieg oder davonstürmte. Und stets ließ sie sich schon nach kurzer Zeit wieder zur Mitarbeit überreden. Meist genügte eine kurze Pause im Schritt.

Das Schönste aber war, Molly nach dem Training zu erleben, wie sie mit sich und der Welt zufrieden in der Putzbox stand und nach dem Absatteln darauf wartete, dass man ihr mit einer Belohnungsbanane huldigte. Aber wehe, wenn diese zu lange auf sich warten ließ. Dann konnte es schon passieren, dass sie nach dem Motto „Hältst Du Dich nicht an die Spielregeln, dann tue ich das auch nicht!" die Putzbox verließ, um gemächlichen Schritts über die Stallgasse zur Sattelkammer zu schlendern und unmittelbar vor der Tür darauf zu warten, dass Martina ihr endlich die heiß ersehnte Banane brachte.

Vor allem waren Martina und Jodie von Mollys Souveränität begeistert. Auch wenn ihrer Aufmerksamkeit nichts von dem entging, was um sie herum passierte, gehörte ihre Konzentration doch immer ihrer Reiterin. Nichts konnte Molly aus der Ruhe bringen. Kein einziges Mal buckelte sie unter dem Sattel oder schoss unerwartet los. Für Martina, die ja Macy, das Pulverfass mit der glimmenden Lunte, gewohnt war, bei dem man immer und überall auf der Hut sein musste, waren die Stunden mit Macys Tochter geradezu erholsam. Dadurch, dass sie sich bei Molly einfach nur auf das Reiten konzentrieren konnte und nicht stets befürchten musste, dass der nächste Vulkanausbruch unmittelbar bevorstand, gewann Martina sehr viel an reiterlichem Selbstvertrauen.

Mit der Zeit setzte sich bei Martina die Überzeugung durch, dass das, was mit ihrer Jungstute möglich war, doch eigentlich auch mit deren Mutter möglich sein müsse. Und tatsächlich gelang es Martina mit Jodies Hilfe, die bei Molly gewonnene Souveränität in das Training auf Macy mit hinüber zu nehmen. Das blieb natürlich auch Macy nicht verborgen, und sie reagierte sehr positiv darauf. Mehr und mehr überließ sie Martina nun auch beim Reiten die Kontrolle, was dieser wiederum mehr Sicherheit gab. Die positiven Entwicklungen bestärkten sich jeweils.

Mit Macy und Molly hatte Martina nun das perfekte Gespann, um sich in vielerlei Hinsicht reiterlich weiterzuentwickeln. Mit Macy erarbeitete sie sich unter Jodies Anleitung Lektion um Lektion. Schon bald hatte sie den Bereich der L-Dressur hinter sich gelassen und wagte sich mit Macy teils sogar an Lektionen aus dem S-Bereich. Und an Molly lernte sie, wie man ein junges Pferd anreitet und ihm spielerisch die ersten Dressurlektionen beibringt. Zudem war der Ausflug ins Springreiten für Martina sehr interessant, auch wenn es nie ihre Lieblingsdisziplin werden wird.

Das Verblüffendste an der ganzen Entwicklung war aber der Umstand, dass sie durch Molly, den dreijährigen Hänfling, ausgelöst worden war. Da wir die Geschehnisse hautnah miterlebt hatten, waren sie für uns zunächst selbstverständlich. Molly war eben Molly. Nach und nach wurde uns aber bewusst, dass es alles andere als selbstverständlich war, dass eine Jungstute, die gerade mal ein paar Monate unter dem Sattel ging, ihrer Reiterin so viel Selbstvertrauen vermittelte, dass diese auch mit ihrer flippigen Mutter immer besser zurechtkam.

Molly war wirklich ein außergewöhnliches Pferd. Mit ihr hatte Martina den Jackpot geknackt. Letztlich hatte sie sich mit Macy also doch das brave Pferd gekauft, das sie sich erträumt hatte. Nur hatte keiner ahnen können, dass es sich dabei nicht um Macy, sondern um deren noch ungeborene Tochter handeln würde.

## Molly wird erwachsen

Die Geschlechtsreife hatte Molly im Alter von etwa fünfzehn Monaten noch auf dem Josephihof erlangt. Wir hatten angenommen, dass sich die Pubertät erst einmal durch schwache Vorboten ankündigen würde. Aber es sollte anders kommen. Von einem Besuch auf den anderen hatte Mollys Körper mit der hormonellen Umstellung begonnen – und zwar mit voller Wucht.

Molly schien von der neuen Entwicklung selbst am meisten überrascht zu sein. Sie konnte ja nicht verstehen, was da gerade mit ihr geschah und wusste mit ihrem Körper nichts, aber auch überhaupt nichts anzufangen. So quengelig und unleidlich hatten wir sie noch nie zuvor erlebt. Sie nahm unsere Anwesenheit zwar zur Kenntnis, zeigte aber auch nicht den Hauch eines Verlangens, mit uns Kontakt aufzunehmen. Dafür suchte sie umso mehr die Nähe der anderen Stuten. Aber auch diesen gegenüber verhielt sich Molly nicht normal. Ihre Jahrgangsgenossinnen ließ sie links liegen und versuchte, sich mit deutlichem Fohlenkauen vor allem bei älteren Stuten anzubiedern. Ein derartiges Verhalten hatten wir noch nie an ihr beobachtet.

Aber schon nach wenigen Wochen war das Schlimmste überstanden. Molly hatte sich an ihren neuen Körper gewöhnt und war wieder ganz die Alte, unser verschmustes und anhängliches Mädchen.

Wie beim Menschen ist auch beim Pferd das Erwachsenwerden mit Erlangung der Geschlechtsreife bei weitem noch nicht abgeschlossen. Auch das Pferd muss körperlich und geistig noch reifen, bevor man es als ausgewachsen ansehen kann. Und wie beim Menschen sind auch bei jugendlichen Pferden gerade die Folgen der geistigen Reifung nicht immer sehr angenehm. Die Flegeljahre standen uns noch bevor.

Mollys körperliche und geistige Entwicklung verlief nicht als kontinuierlicher Prozess, sondern in Schüben. Meist begann es damit, dass Martina beim Reiten feststellte, dass Molly sich nicht mehr so ausbalanciert bewegte wie bisher, sondern eher unbeholfen. Vor allem neigte sie in diesen Phasen dazu, mit den hinteren Hufen gegeneinanderzuschlagen. Das war stets ein deutliches Zeichen dafür, dass wieder einmal irgendein Teil von Mollys Körper wuchs. Jodie und Martina unterbrachen dann sofort die Ausbildung und ritten Molly während der folgenden Tage nur locker, d.h. ohne dass sie sich muskulär anstrengen musste. Auf diese Weise bekam die Kleine einerseits ausreichend Bewegung und konnte sich andererseits darauf konzentrieren, auch unter den neuen körperlichen Voraussetzungen ihre Balance wiederzufinden.

Nach jedem dieser Wachstumsschübe stellten wir fest, dass nicht nur Mollys Körper gewachsen war, sondern dass sie sich auch in psychischer Hinsicht weiterentwickelt hatte. Jedes Mal war sie wieder ein bisschen erwachsener, ein bisschen selbstbewusster geworden, und wusste wieder ein bisschen mehr, was sie wollte. Diese Entwicklungsschübe vollzogen sich aber in homöopathischen, für alle Beteiligten gut zu handhabenden Dosen.

Daneben gab es aber auch Phasen, in denen sich Mollys Kopf weiterentwickelte, ohne dass sie gleichzeitig wuchs. Da sie sich dann nicht auf eine neue Körperlichkeit einstellen musste, konnte sie sich voll und ganz auf das konzentrieren, was sie nicht wollte. In diesen Flegelphasen ließ sich Molly unter dem Sattel immer wieder etwas Neues einfallen. Jodie konnte über diese Spirenzchen nur lachen. Da hatte sie es schon mit ganz anderen Kalibern zu tun gehabt. Aber auch Martina kannte Molly inzwischen so in- und auswendig, dass es für sie kein Problem darstellte, dem vor sich hin pubertierenden Wesen unter ihr klarzumachen, dass nach wie vor sie es war, die den Ton angab.

Jodie hatte uns von Anfang an darauf vorbereitet, was da so alles auf uns zukommen könnte. Sie hatte uns aber auch gesagt, dass sie nicht erwarte, dass sich Mollys Charakter während der Pubertät um 180° drehen würde. Das habe sie noch nie erlebt. Und das würde auch nicht zu der Molly passen, die sie während des Vorschulaufenthalts und während des Anreitens kennengelernt habe. Gleichwohl sei es gerade in dieser Phase der Ausbildung immens wichtig, beim geringsten Anzeichen von Rebellion sofort konsequent, aber mit Liebe dagegenzuhalten, ganz nach dem Motto „Wehret den Anfängen!".

Natürlich bekam auch ich Mollys Flegeljahre zu spüren. Meist äußerte sich Mollys eigener Kopf darin,

dass sie beim Longieren nur unwillig und sehr zögerlich auf mein Kommando reagierte, zum Schritt
durchzuparieren. Manchmal blieb sie einfach stur im
Trab. Das durfte ich ihr natürlich nicht durchgehen
lassen. Also ließ ich sie angaloppieren. Auf treibende
Hilfen reagierte sie immer folgsam. Und dann hielt
ich sie einfach etwas länger im Galopp, als es ihr eigentlich lieb war. Meist brauchte ich nur ein oder
zwei Versuche zu kontern, wieder in den Trab zu
wechseln. Und siehe da, schon hatte sie wieder akzeptiert, dass ich der Chef im Ring war und meine Kommandos ernst meinte. Im Anschluss funktionierte
dann auch das Durchparieren zum Schritt wieder
einwandfrei. Und wenn ich sie am Ende der Arbeits-
einheit frei laufen ließ, während ich abmistete, folgte
sie mir wie ein Hundchen auf Schritt und Tritt durch
die Longierhalle, als sei nichts gewesen.

Wenn wir heute zurückschauen, müssen wir zugeben,
dass man Mollys Flegeljahre nicht wirklich als solche
bezeichnen kann. Nach wie vor arbeitete Molly während des Trainings willig mit. Natürlich konfrontierte
sie Martina, Jodie und mich gelegentlich mit einem
„Nein, ich möchte das jetzt aber lieber anders machen!", einem „Angaloppieren? Warum?" oder einem
„Wäre es nicht viel netter, jetzt über ein paar Hindernisse zu springen?" Wirkliche Aufsässigkeit hat sie
sich uns gegenüber aber nie erlaubt. Nie wendete sie
sich gegen uns oder drängte uns rüpelig zur Seite. Nie
gab es Situationen, in denen ihr Verhalten für uns
gefährlich geworden wäre. Alles verlief in so geordne-

ten Bahnen, dass wir aufpassen mussten, dass Molly uns nicht anmerkte, wie sehr wir uns über ihre kleinen Widersetzlichkeiten amüsierten, ja geradezu freuten. Wir nahmen sie einfach als das, was sie waren, ein Zeichen dafür, dass Molly in jeder Hinsicht eine normale und gesunde Entwicklung durchlief. Zudem konnten der Witz und der Charme, mit dem Molly auch ihre Aufmüpfigkeit vortrug, einem wirklich nur ein Schmunzeln entlocken. Ein sorgenvolles Stirnrunzeln wäre völlig fehl am Platze gewesen.

Mollys Entwicklung hatte auch Auswirkungen auf ihre Position in der Stutenherde. Während ihre Mutter damals auf dem Josephihof bei der Eingliederung in die Kleinherde mit den Cousinen und ihren Müttern sofort die Führung für sich beansprucht hatte, erhob Molly auf dem Waldnerhof nie den Führungsanspruch. Es genügte ihr, ihre Position in der Stutenherde zu behaupten. Mit der Zeit fiel uns dann aber auf, dass die anderen Stuten respektvoll zurücktraten, um Molly Platz zu machen, wenn wir sie von der Koppel holten. Hatte sie mittlerweile wirklich eine ranghohe Position inne? Nie hatten wir von ernsthaften Zwistigkeiten gehört, in die Molly verwickelt gewesen wäre. Also nutzte ich den schönen Sommer, um das Miteinander der Stutenherde gelegentlich ein wenig länger zu beobachten. Dabei bemerkte ich, wie Molly immer dann, wenn zwei der Stuten aneinander gerieten, den Streit zu schlichten versuchte. Sie tat das stets mit der ihr eigenen Ruhe.

Eine dieser Szenen verdeutlicht das besonders gut. Als Luna, eine eher eigenbrötlerische Stute, von ihren Besitzern nach dem Reiten auf die Koppel gebracht wurde, blieb sie zum Grasen unmittelbar hinter dem Eingangstor stehen und gesellte sich nicht zur Herde, die sich ein gutes Stück entfernt aufhielt. Nach einiger Zeit gesellte sich Florence, eine Stute, die schon geraume Zeit auf der Koppel gewesen war, ganz friedlich zu ihr. Als sie zu Luna Kontakt aufnehmen wollte, legte diese die Ohren an und vertrieb Florence durch angedeutetes Beißen und angedeutete Hinterhandkicks. Diese akzeptierte Lunas schlechte Laune und trollte sich.

Molly hatte die Szene aufmerksam beobachtet und schlenderte nun ihrerseits zu der Außenseiterin. Sie stellte sich auf Lunas von der Herde abgewandte Seite ohne jeden Schamabstand unmittelbar neben diese und graste Kopf an Kopf mit ihr, ließ sie aber ansonsten in Ruhe. Luna akzeptierte Mollys Anwesenheit, versuchte dann aber doch, den Abstand zu ihr zu vergrößern, wodurch sie sich notgedrungen näher an die Herde heranbewegen musste. Molly rückte langsam nach. Das Ganze wiederholte sich, bis sich Luna schließlich der Herde angeschlossen hatte. Dann ging Molly wieder ihrer Wege und graste an der Stelle weiter, von der aus sie den kleinen Zwist zwischen Luna und Florence beobachtet hatte.

Nach einer Weile versuchte Florence erneut ihr Glück bei Luna, wurde aber erneut rüde abgewiesen. Als Molly das sah, setzte sie sich wiederum in Bewegung, um gemächlichen Schritts zwischen die beiden

Streithennen zu treten. Sowohl Luna als auch Florence akzeptierten Mollys Ansage ohne Zögern und traten in entgegengesetzten Richtungen ein paar Schritte zurück, um zwischen sich und Molly Abstand zu schaffen. Von Mollys Seite hatte es keine schnelle Bewegung, kein Ohrenanlegen oder angedeutetes Beißen gegeben. Nichts. Ihre bloße Anwesenheit hatte genügt, um den Streit zu schlichten.

Durch ihre reife und ruhige Art hatte Molly einen der oberen Ränge in der Stutenherde eingenommen, und das im Alter von noch nicht einmal fünf Jahren.

## Schmusestunde

Zu den innigsten Begegnungen zwischen Molly und mir kommt es immer dann, wenn wir alleine sind. Ich setze mich dann zu Molly auf den Paddock und warte ab, was passiert. Meist dauert es nicht lange, bis sie bei mir steht und mit mir zu schmusen beginnt. Besonders gerne erinnere ich mich an unser erstes derartiges Aufeinandertreffen.

Molly erwartete mich schon an der Tür. Nachdem ich sie begrüßt hatte, betrat ich die Box und ging an ihr vorbei auf den Paddock. Am Ende des Paddocks setzte ich mich auf die unterste Stange in die Sonne.

Molly folgte mir auf dem Fuß, trat dicht an mich heran und senkte den Kopf zu mir herab. Wie üblich streichelte ich sie am Kopf und kraulte sie an den Ohrenansätzen. Wie sie es gerne macht, drückte sie ihre Nüster sanft gegen mein linkes Ohr und atmete tief ein. Ich streichelte sie am Nasenrücken und ihrem samtenen Maul. Molly ließ den Kopf noch weiter sinken, bis wir Stirn an Stirn dasaßen. Nach einiger Zeit hob sie ihren Kopf langsam wieder und begann, an meinen Haaren zu riechen. Ich ließ es zu und senkte meinen Kopf, um es Molly zu ermöglichen, meinen gesamten Kopf zu beschnuppern. Ich würde mir zwar später die Haare waschen müssen, aber das war es mir wert. Ich war viel zu gespannt, wie sich die Situation weiter entwickeln würde.

Selbstverständlich war ich mir der Tatsache bewusst, dass Molly mein Kopfsenken als Unterwürfigkeitsgeste missverstehen konnte. Gleichzeitig war ich mir aber meiner höheren Rangposition sicher und war davon überzeugt, dass Molly meine Körpersprache zu deuten wusste. Und so ging ich das Risiko ganz bewusst ein. Es war gut kalkuliert, denn Molly hatte bis dahin noch nie einen „Frontalangriff" auf meine Führungsposition gestartet, sondern immer nur mit kleinen Grenzüberschreitungen getestet, ob ich tatsächlich immer noch so konsequent war, wie sie es vom letzten Versuch her in Erinnerung hatte. Also, warum sollte sie mich gerade heute mit einem massiven Vorstoß in Frage stellen wollen?

Molly reagierte auf mein Kopfsenken, indem sie sich meinem Haaransatz im Nacken widmete. Sanft schob sie ihn mit ihrer Oberlippe hin und her. Es ist unglaublich, wie beweglich die Oberlippe eines Pferdes ist.

Molly wusste ganz genau, dass bei mir zwar der Einsatz der Lippen erlaubt, jener der Zähne hingegen strengstens verboten ist. Und sie hielt sich an diese Regel. Gleichwohl war ich auf der Hut. Als ich ein schmatzendes Geräusch hörte, als ob sie die Kiefer öffnete, stieß ich meinen Kopf etwas nach hinten, um einem möglichen Zwicken zuvorzukommen. Ich merkte allerdings rasch, dass diese Geste unnötig gewesen war, denn Molly machte nur zufriedene Kaubewegungen. Offensichtlich genoss sie unsere traute Zweisamkeit genauso wie ich. Bei den nächsten

Schmatzern zeigte ich mehr Vertrauen und ließ Molly gewähren. Es waren tatsächlich nur Kaubewegungen.

Nach einiger Zeit hob ich den Kopf wieder. Molly trat einen Schritt zurück und streckte ganz langsam ihr rechtes Vorderbein in meine Richtung. Da sie dabei völlig entspannt war, ging ich zwar nach wie vor davon aus, dass sie keine bösen Absichten hegte, sondern mich nur zum Spielen auffordern wollte. Gleichwohl machte ich ihr durch einen leichten Klaps mit dem Handrücken vor die Brust klar, dass ich von dieser Art Zutraulichkeit nichts hielt. Safety first!

Ich wusste sehr wohl, dass ich diese plumpe Vertraulichkeit durch mein Verhalten provoziert hatte. Daher fiel der Klaps auch sehr leicht aus. Molly verstand sofort, dass sie eine Grenze überschritten hatte. Sie merkte aber auch, dass ich ihr nicht böse war. So blieb sie bei mir stehen, und wir schmusten noch geraume Zeit weiter.

Regelmäßig suche ich diese Minuten der Zweisamkeit mit ihr. Und ich habe den Eindruck, dass auch Molly diese Momente genießt. Denn wenn ich mich auf ihren Paddock setze, dauert es nicht lange, bis sie bei mir steht. Und wenn ich beim Putzen vor ihr stehe, legt sie mir regelmäßig ihr Maul sanft auf die linke Schulter, ganz dicht beim Hals, und saugt meinen Geruch tief ein. Oder sie senkt beim Streicheln den Kopf, bis wir Stirn an Stirn dastehen und uns freuen, dass wir uns haben.

Von diesen Momenten geht für mich eine große meditative Kraft aus. Und ich kann sie in vollen Zügen genießen, weil Molly mittlerweile ganz genau weiß, dass es auch bei unseren Tête-à-têtes Grenzen gibt, die nicht überschritten werden dürfen, und sich daran hält.

Der vertraute und liebevolle Umgang zwischen Molly und mir blieb auch Macy nicht verborgen.

Nachdem Salt und Corleone in den Austragsstall umgezogen waren, hatte es für mich auf dem Waldnerhof zunächst relativ wenig zu tun gegeben. Entsprechend hatte auch die Häufigkeit meiner Besuche abgenommen. Macy wusste zwar, dass ich zu ihrer Herde gehörte, und ich wurde von ihr bei jedem Besuch mit einem freundlichen Blubbern begrüßt. Ansonsten war Macy aber voll und ganz auf Martina fixiert. Mir gegenüber gab sie hingegen die Diva, die zwar gerne Karotten annahm und huldvoll auch mal einen Streichler zuließ, ansonsten aber keinen näheren Körperkontakt wünschte. Ich akzeptierte das. Es war viel wichtiger, dass Macy mit Martina gut auskam. Damals hatte Martina beim Reiten noch alle Hände voll mit ihr zu tun, und es hatte Vorrang, dass die beiden sich aufeinander einspielten.

Die gleiche Distanz wahrte ich zunächst auch, nachdem Molly auf den Waldnerhof zurückgekehrt war. Nun hatte ich ja die Kleine zum Betüddeln. Nach einiger Zeit bemerkte ich jedoch, dass Macy begann, ihre Zurückhaltung mir gegenüber Stück für Stück aufzugeben. Saß ich bei Molly auf dem Paddock und schmuste mit ihr, kam es immer öfter vor, dass Macy den Kopf zwischen den Paddockstangen hindurchsteckte, um sich ebenfalls die eine oder andere Streicheleinheit abzuholen. Hin und wieder forderte Macy ihren Teil der Zuwendung sogar mit einem leisen Blubbern von mir ein.

Durch diese Zutraulichkeit ermutigt, setzte ich mich eines Tages auch einmal zu Macy auf den Paddock, als wir alleine waren. Das schien ihr aber dann doch etwas zu viel des Guten zu sein. Es dauerte mehrere Minuten, bis sie sich entschloss, sich zu mir zu gesellen. Sie hielt aber weiterhin Abstand von mir, so dass ich sie auch mit dem ausgestreckten Arm nicht berühren konnte. Es kostete mich viel gutes Zureden, bis sie endlich den entscheidenden Schritt auf mich zu machte. Aber auch jetzt trat sie nicht so dicht an mich heran, wie Molly dies üblicherweise tat. Sie blieb die ganze Zeit über in einer Distanz, die es ihr ermöglichte, sich meinem Streicheln jederzeit durch Abwenden des Kopfs zu entziehen. Schon bald ließ sie mich wieder stehen und ging in die Box zurück. Sie hatte mir lediglich einen Höflichkeitsbesuch abgestattet.

Zunächst ging ich davon aus, dass das unterschiedliche Verhalten von Molly und Macy auf ihre unterschiedliche Vorgeschichte und vor allem den unbekümmerten Umgang zurückzuführen war, den Molly von Anfang an mit uns gepflegt hatte. Doch als Martina und ich Mollys Vater zum ersten Mal auf seinem Paddock besuchten, es war erst unser zweites Aufeinandertreffen, trat Casanova mit der gleichen Selbstverständlichkeit wie seine Tochter ganz dicht an mich heran und ließ sich streicheln. Ich war total überrascht. Nie und nimmer hätte ich damit gerechnet, dass sich Mollys Abstammung auch an Verhaltensweisen zeigen würde, die sie sich nicht hatte abschauen können, sondern die sie nur ererbt haben konnte. Die Verwandtschaft von Molly und Casanova war unverkennbar.

## Die ersten Erfolge

Obgleich Martina und Jodie mit den Fortschritten, die Mollys Ausbildung machte, sehr zufrieden sein konnten, wollten sie sich das zu gerne auch von objektiver Seite bestätigen lassen. Und was war hierzu besser geeignet, als Molly gelegentlich auf einem Reitturnier vorzustellen?

Ich muss zugeben, dass ich von dieser Idee anfänglich nicht wirklich begeistert war. Als Turnierhelfer hatte ich einmal miterleben müssen, wie ein Richter auf unflätigste Weise über die Reiterinnen und Reiter hergezogen war, die im Dressurviereck versucht hatten, ihre beste Leistung abzurufen. Ich fand, dass weder Martina noch Jodie es nötig hatten, sich derartig unqualifizierten Kommentaren auszusetzen. Die beiden erklärten mir aber, dass dieser Richter eine Ausnahme gewesen sei und ich schon bald einsehen würde, dass sich die Richter normalerweise große Mühe mit einer gerechten Bewertung der Teilnehmer geben würden. Doch erst durch das Argument, der Besuch von Turnieren habe vor allem den Sinn, Molly im Umgang mit für sie ungewohnten Situationen zu schulen, ließ ich mich schließlich überzeugen. Nicht nur die Umgebung eines anderen Stalls, sondern auch die vielen fremden Pferde und die in der Luft liegende Nervosität der Reiterinnen und Reiter würden für Molly eine Herausforderung der ganz besonderen Art darstellen, der sie sich erst einmal gewachsen erweisen musste. Da hatten Martina und Jodie natürlich Recht.

Eine wunderbare Gelegenheit für einen ersten Test ergab sich, als Molly etwa viereinhalb Jahre alt war. Auf dem Waldnerhof wurde ein kleines stallinternes Turnier veranstaltet. Zwar musste unsere Kleine den heimatlichen Hof für die Prüfung nicht verlassen, aber die Atmosphäre in den Stallungen und auf der gesamten Anlage würde aufgrund der erwarteten Zuschauer und der Nervosität der Teilnehmer doch ganz anders sein als sonst.

Martina startete mit Molly in zwei Prüfungen, einer A-Dressur und einem sogenannten Caprilli-Test, in dessen Verlauf sowohl Elemente aus der Dressur als auch aus dem Springen geprüft werden. Bei beiden Prüfungen trat Molly gegen Pferde jedes Alters an und meisterte ihre Aufgabe souverän.

Als Molly am Vormittag die Reithalle für die A-Dressur betrat, war sie zunächst noch etwas von deren neuem Erscheinungsbild mit dem darin aufgebauten Dressurviereck und dem Richtertisch beeindruckt. Ihre Nervosität legte sich beim Abreiten aber schnell, und als Martina mit ihr ins Viereck einritt, hatte man den Eindruck, als wisse Molly genau, worum es in den nächsten Minuten ging. Souverän ließ sie sich von Martina durch die Prüfung führen. Letztlich sollte Molly den dritten Platz belegen. Ein riesiger Erfolg für ein so junges Pferd.

Beim Caprilli-Test, der am Nachmittag stattfand, war bei Molly schon keine Aufregung mehr zu spü-

239

ren. Brav zeigte sie alle Lektionen. Dass es bei dieser Prüfung „nur" für den vierten Platz reichen sollte, lag nicht an ihr, sondern an Martina. Hubert, der beide Prüfungen gerichtet hatte, raunte ihr bei der Siegerehrung mit einem Augenzwinkern zu: „Man sieht halt, dass Du keine Springreiterin bist."

Das Erfreulichste war für uns aber Huberts Kommentar über Molly. „Ein sehr zufriedenes Pferd! Mit der seid ihr auf einem richtig guten Weg. Die ist so klar im Kopf, mit der werdet ihr noch viel Freude haben", urteilte er. Wir waren froh, das Gefühl, das wir selbst ja auch hatten, aus berufenem Mund bestätigt zu bekommen.

Der nächste Turnierbesuch folgte ein halbes Jahr später, genau an Mollys fünftem Geburtstag. Dieses Mal fand das Turnier in einem anderen Reitstall statt.

Martina hatte sich mit Molly wieder für eine A-Dressur angemeldet. Natürlich konnte es auch dieses Mal nicht ums Gewinnen gehen. Immerhin war unsere Kleine das zweitjüngste Pferd in einem fast dreißig Paare umfassenden Starterfeld.

Am Turnierort angekommen, waren wir von der familiären Atmosphäre des Turniers sehr positiv überrascht. Nirgendwo kam Hektik auf. Man wechselte ein paar nette Worte mit den Parkplatznachbarn, half sich gegenseitig aus, wenn jemand etwas vergessen hatte. Das übertrug sich auch auf die Pferde. Es gab kein lautes und hektisches Durcheinandergewiehere. Nur ab und zu hörte man ein Begrüßungswiehern.

Obwohl Molly ganz ruhig auf dem Hänger stand, war sie innerlich doch angespannt, wie uns wieder einmal die etwas pfludderige Konsistenz ihrer Haufen zeigte. Beim Zäumen und Satteln merkte man ihr dann auch äußerlich an, dass sie nervös war. Erst auf dem Abreiteplatz fühlte sie sich wieder wohl und begann, sich zu entspannen.

Auch Jodie war vor Ort, da außer Martina auch noch einige andere Reiterinnen aus unserem Stall an dem Turnier teilnahmen. Sie gab nur wenige Tipps, hielt sich aber ansonsten zurück, weil sie sah, dass Martina ganz ruhig war und Molly weder unter- noch überforderte.

Über die Prüfung selbst gibt es nicht viel zu berichten. Molly war voll konzentriert und reagierte perfekt auf Martinas Hilfen. Auch Jodie war mit der Leistung der beiden mehr als zufrieden. Nach der Prüfung lobten wir Molly ausführlich, was diese sichtlich genoss. Wir hatten den Eindruck, dass sie genau wusste, dass sie ihren Job sehr gut gemacht hatte.

Offensichtlich hatten meine Mädels auch die Richterin überzeugt. Mit einer hervorragenden Wertnote belegten die beiden den fünften Platz und waren bei der Siegerehrung platziert.

Erfreulich war auch der Bewertungsbogen. In ihm bezeichnete die Richterin Martina und Molly als ein sehr ansprechendes Paar und hob vor allem Mollys Durchlässigkeit hervor.

Da die bisherigen Turniere, auf denen wir Molly vorgestellt hatten, reine Breitensportturniere gewesen waren, deren Ergebnisse bei der Deutschen Reiterlichen Vereinigung nicht eingetragen werden, war es im nächsten Schritt nur folgerichtig, Molly auch einmal auf einem eintragungsrelevanten Turnier vorzustellen. Dort ist die Konkurrenz deutlich größer, weil hier auch Profis junge Pferde vorstellen, die sie gerade in Ausbildung haben, in der Hoffnung, deren Verkaufswert durch eine Platzierung steigern zu können. Auf solchen Turnieren reitet aber nicht nur die Konkurrenz auf einem höheren Niveau, sondern es wird auch deutlich strenger gerichtet.

Als Molly etwa fünfeinhalb Jahre alt war, war Jodie der Meinung, dass ihre Grundgangarten mittlerweile ausgereift genug seien, um sie bei einer Eignungsprüfung für Reitpferde anzumelden, quasi einer Ausbildungsabschlussprüfung. Jodie ließ es sich nicht nehmen, ihre Schülerin selbst vorzustellen.

Beim Satteln war Molly noch erstaunlich ruhig. Das sollte sich auf dem Abreiteplatz aber schnell ändern. Es brauchte einige Zeit, bis Molly sich wieder entspannte. Der Effekt war aber nur von kurzer Dauer, denn als Jodie mit Molly ins Viereck einritt, war die Kleine der Meinung, dass alles, jedes Werbeplakat, der Richtertisch, ja sogar der Blumenschmuck, nur aus dem Grund aufgestellt worden war, sie zu erschrecken. Wie den anderen jungen Pferden vor ihr, gaben die Richter aber auch Molly genügend Zeit, um sich mit der ungewohnten Umgebung vertraut zu machen. Jodie ließ sie nacheinander all die ungeheuerlichen Dinge, die ihr Angst machten, aus nächster Nähe ansehen. Eines nach dem anderen verlor seinen

Schrecken. Mit der Zeit beruhigte sich Molly, auch wenn ein Rest von Erregung blieb.

Das war aber gar nicht schlimm. Im Gegenteil. Eine sehr turniererfahrene Freundin hatte angesichts Mollys stoischer Gelassenheit nämlich schon einmal die Befürchtung geäußert, dass sie sich damit auf Turnieren selbst im Weg stehen könne, da zur Erzielung von Höchstleistung eine gewisse innere Anspannung unabdingbar sei.

Genau diese Anspannung zeigte Molly jetzt. Gleichzeitig gab sie sich aber auch hundertprozentig in Jodies Hand, so dass diese sie perfekt präsentieren konnte. Auch die Richter waren sichtlich zufrieden. In ihrem Urteil hoben sie Mollys Rittigkeit hervor und attestierten ihr, dass sie in der Dressur „zum sofortigen Einsatz geeignet" sei. Mit einer sehr guten Wertnote belegte Molly insgesamt den dritten Platz und errang damit ihre erste eintragungsrelevante Platzierung.

Wir waren so stolz auf unsere Kleine, dass Martina beschloss, Molly nun auch einmal in der nächsthöheren Prüfungsklasse starten zu lassen, einer L-Dressur. Seit einiger Zeit trainierten sie dafür und Molly stellte sich dabei ungemein geschickt an.

Die Gelegenheit ergab sich schon bald, wieder auf dem netten Breitensportturnier, auf dem Molly schon an ihrem fünften Geburtstag so erfolgreich gewesen war. Martina hatte aber nicht nur für eine L-Dressur, sondern auch für eine A-Dressur gemeldet, um auch einen direkten Vergleich zum Ausbildungsstand des Vorjahres zu bekommen.

Dieses Mal wurde Molly schon beim Aufsatteln etwas ungeduldig. Alles ging ihr zu langsam. Und auch der Abreiteplatz bot ihr ausreichend Gelegenheit, sich über das eine oder andere aufzuregen. Der Sinn der Anzeigetafel, die die Reiter darüber informierte, wer als Nächstes an der Reihe war, erschloss sich ihr nicht im Geringsten. Und überhaupt, warum musste dieser eine Zuschauer gerade jetzt telefonieren? Eine Unverschämtheit. Trotz allem blieb sie aber gut reitbar. Martina amüsierte sich königlich. Gleichwohl hatte sie alle Hände voll mit Molly zu tun.

Kaum waren die beiden für die A-Dressur ins Viereck eingeritten, war Molly wie ausgewechselt. Sie gab Martina das Gefühl, dass sie genau wusste, worauf es jetzt ankam und was von ihr erwartet wurde. Mit traumwandlerischer Sicherheit ließ sie sich durch die Prüfung führen.

Molly zeigte nicht nur, welchen Sprung ihre Ausbildung seit ihrem letzten Auftritt auf diesem Turnier gemacht hatte, sondern bestätigte selbst unter Berücksichtigung der etwas nachsichtigeren Bewertung bei Breitensportturnieren das Ergebnis der Eignungsprüfung eindrucksvoll. Mit einer mehr als hervorragenden Wertnote gewann Molly die Prüfung als jüngstes Pferd im Starterfeld.

Mit diesem Ergebnis im Rücken konnte Martina die L-Dressur ganz entspannt angehen. Da es für Molly der erste Start in dieser Prüfungsklasse war, hatten wir nicht die geringsten Erwartungen, sondern wollten einfach eine neutrale Einschätzung von Mollys Leistungsstand auch auf diesem Niveau erhalten.

Wiederum zeigte sich Molly von ihrer besten Seite. Zwar merkte die Richterin im Bewertungsprotokoll an, dass Molly in dieser Klasse noch Routine gewinnen müsse. Das war aber aufgrund der Tatsache, dass sie das erste Mal in einer L-Prüfung gestartet war, auch nicht weiter verwunderlich. Gleichwohl gefiel der Richterin Mollys Vorstellung so gut, dass sie sie auch in dieser Prüfung auf den ersten Platz setzte. Wir waren völlig aus dem Häuschen. Damit, dass Molly gleich bei ihrem ersten Start in einer L-Prüfung gewinnen würde, hatte nun wirklich niemand rechnen können. Und das im Alter von noch nicht einmal sechs Jahren.

Das Schönste war für uns aber, dass Molly nach der Rückkehr auf den Waldnerhof nicht die geringsten Anzeichen von Stress zeigte, sondern sehr zufrieden in ihrer Box stand. Molly schien genau zu wissen, was sie an diesem Tag geleistet hatte.

Wenige Wochen später bestätigte Molly diese Leistung mit einem dritten Platz in einer L-Dressur bei einem eintragungsrelevanten Turnier, und das zwei Monate vor ihrem sechsten Geburtstag.

## Nachwort

Wenn Martina und ich auf Mollys erste sechs Lebensjahre zurückblicken, erfüllt uns noch immer Erstaunen, in das sich viel Dankbarkeit und auch ein Schuss Stolz mischen.

Vor allem erfasst uns ungläubiges Erstaunen über die Art und Weise, wie Molly in unser Leben getreten ist. Mireks Anruf an jenem Sonntagmorgen werden Martina und ich wohl nie vergessen.

Dankbarkeit aber ist das dominierende Gefühl, wenn wir an unsere Kleine denken. Dankbarkeit, dass Mollys Geburt trotz der fehlenden tierärztlichen Hilfe ohne Komplikationen verlaufen ist. Dankbarkeit, dass Molly ihre Verletzung bis auf ein paar Narben ohne bleibende Folgen überstanden hat. Dankbarkeit aber auch gegenüber den vielen lieben Menschen, die uns auf unserem Weg mit Molly begleitet haben und uns stets mit Rat und Tat zur Seite standen. Ohne sie wäre das Projekt „Molly" nicht so hervorragend gelungen.

Zu guter Letzt sind wir, und das geben wir offen zu, auch ein bisschen stolz darauf, dass wir unsere guten Vorsätze für Mollys Leben und Ausbildung praktisch ohne Abstriche in die Tat haben umsetzen können.

So konnten wir Molly auf dem Josephihof eine unbeschwerte Kindheit bieten. Ohne Frau Gebert, die uns damals so spontan aufgenommen und sich so liebevoll um Molly gekümmert hat, wäre das nicht möglich gewesen. Hierfür sind wir Frau Gebert aufrichtig dankbar.

Zudem ist es Martina und mir durch die regelmäßigen Besuche auf dem Josephihof gelungen, eine so innige Beziehung zu Molly aufzubauen, dass sie große Freude am Umgang mit Menschen entwickelte und stets neugierig auf das ist, was sich ihre Menschen als nächstes für sie ausgedacht haben.

Das jedweden Stress vermeidende Anreiten verstärkte diese Freude sogar noch. Und jemand besseren als Jodie, die Molly mit so viel Liebe und so viel Geduld (auch mit Martina und mir), aber auch mit der nötigen Konsequenz anritt und ausbildete, hätten wir gar nicht finden können. Vor allem machte es sich bezahlt, dass Jodie Mollys Ausbildung stets an deren körperlichem Leistungsvermögen ausrichtete und sie insbesondere während Wachstumsschüben nicht überforderte. Molly dankte es ihr, indem sie hinterher umso lernbegieriger war. Und diesem Dank können wir uns nur anschließen.

Insbesondere der rasante Fortschritt und die Erfolge in Mollys sechstem Lebensjahr sind ein Beleg dafür, dass die Rechnung voll und ganz aufgegangen ist.

Auch wenn keine große Gefahr besteht, dass Molly wegen ihres Bewegungsvermögens von einem Talentsucher für den ganz großen Sport entdeckt werden könnte, ist noch nicht abzusehen, bis zu welchem Leistungsniveau sie sich entwickeln wird. Das ist aber auch nicht wichtig. Solange Molly weiterhin Spaß daran hat, Neues zu erlernen, werden wir ihr die Gelegenheit dazu geben. Und wenn sie einmal eine Lektion nicht verstehen sollte, ist das nicht so schlimm, denn wir haben keinen Leistungsstand definiert, den Molly in einem bestimmten Alter erreicht haben müsste. Unser Ziel ist und bleibt es, Molly die Freude am Umgang mit uns und an der Arbeit zu erhalten.

## Danksagung

Dieses Buch ist ein dickes und aus tiefstem Herzen kommendes Dankeschön an all die Menschen, die uns auf unserem Weg mit Molly begleitet und uns mit Rat und Tat zur Seite gestanden haben. Wann immer sich auch nur das geringste Problem ergab, ward Ihr/waren Sie da, um uns zu helfen. Was hätten wir ohne Euch/Sie nur getan? Ich habe versucht, den Beitrag jedes Einzelnen in diesem Buch gebührend zu würdigen. Sollte ich jemanden vergessen haben, so tut mir das leid, und ich bitte höflich um Verzeihung.

Bedanken möchte ich mich zudem bei meinen geduldigen Testlesern, die mich auf etliche Unstimmigkeiten aufmerksam gemacht haben.

Ein besonderer Dank gilt meiner Lektorin Heike Specht, die durch ihre unzähligen Anregungen wesentlich zur Abrundung des Textes beigetragen hat.

Und last but not least ein dickes Dankeschön an meine Frau Martina für die unzähligen Gespräche und ihre unendliche Geduld, wenn ich wieder einmal etwas ganz genau wissen wollte.

Michl Graf

## Glossar

**Aalstrich**

schmaler, dunkel gefärbter Fellabschnitt, der sich längs des Rückgrats von der Mähne bis zur Schweifrübe erstreckt

**abfohlen**

ein Fohlen zur Welt bringen

**abhufen**

den Huf vom Boden abheben

**abkauen**

ausführen von Kaubewegungen, ohne dass das Pferd Futter aufgenommen hat; Zeichen dafür, dass ein Pferd zufrieden ist

**abreiten**

aufwärmen des Pferds vor dem Training

**absetzen**

trennen von Fohlen und Mutterstute

**A-Dressur**

Dressurprüfung aus der Prüfungsklasse A; siehe auch „Prüfungsklassen"

**Ankaufsuntersuchung**

tierärztliche Untersuchung des Pferdes, um dem Kaufinteressenten einen Überblick über den Gesundheitszustand des Pferdes zu verschaffen

**Anlehnung**

sanfte Verbindung zwischen der Hand des Reiters und dem Maul des Pferdes über Zügel und Gebiss

**anreiten**

das Jungpferd daran gewöhnen, unter dem Sattel geritten zu werden

**aufnehmen**

einnisten der befruchteten Eizelle in der Gebärmutter der Stute

**aussacken**

Übung beim Gelassenheitstraining, bei der das Pferd z.B. mit einer Plastiktüte berührt und gestreichelt wird

**Blesse**

heller Fellabschnitt am Kopf des Pferdes, der sich von der Stirn bis zur Nase erstreckt

**blubbern**

in tiefer Stimmlage leise wiehern

**buckeln**

den Rücken wiederholt nach oben wölben

**Buschreiten**

umgangssprachlich für „mit dem Pferd in Feld, Wald und Wiese reiten"

**Caprilli-Test**

Reitprüfung, in der Dressurlektionen mit Trabstangen und kleinen Sprüngen kombiniert werden; benannt nach dem italienischen Rittmeister Federico Caprilli (1868-1907)

**Cavalletto**

Stange, an deren beiden Enden kreuzförmige Seitenteile angebracht sind, so dass die Stange in drei verschiedenen Abständen vom Boden angeordnet werden kann

**Darmpech**

der erste Stuhl eines Neugeborenen

**Durchlässigkeit**

gemäß der Deutschen Reiterlichen Vereinigung übergeordnetes Ziel der Ausbildung des Pferdes; vereinfacht kann man sagen, dass ein Pferd durchlässig ist, wenn es bereitwillig und folgsam auf die Hilfen des Reiters reagiert.

**durchparieren**

in eine langsamere Gangart wechseln

**einzopfen**

die Mähne der Pferde zu kleinen Zöpfen flechten und diese dann mit Gummis zu Knoten zusammenbinden

**Fessel**

entspricht dem Fingergrundgelenk des Mittelfingers des Menschen, wird häufig mit dessen Handgelenk verwechselt

**Fluchtreflex**

bei Pferden sehr stark ausgebildeter Reflex, auf eine Veränderung in der Umgebung mit Davonlaufen zu reagieren

**Fohlenkauen**

Unterwürfigkeitsgeste, bei der der Hals weit nach vorne gestreckt wird, die Maulwinkel wie zu einem Grinsen hochgezogen werden, und das Maul mit Kaubewegungen geöffnet und geschlossen wird

**Fohlenrosse**

erste Rosse einer Stute nach der Geburt eines Fohlens

**Freispringen**
Übung, bei der Pferde ohne die Belastung durch einen Reiter über Hindernisse springen

**Führanlage**
ergänzendes Trainingsgerät, in dem die Pferde in Abteilen laufen

**Galoppwechsel, fliegender**
Wechsel des Handgalopps, ohne zwischen den beiden Handgalopps eine Schritt- oder Trabphase einzulegen

**Gamaschen**
Schutz für die Pferdebeine vor Verletzungen durch die eigenen Hufe sowie durch äußere Einflüsse, bspw. Hindernisse

**Gangart**
Üblicherweise zeigen Pferde die Gangarten Schritt, Trab und Galopp; Islandpferde sind darüber hinaus für das Tölten bekannt; bei Pferden unerwünscht ist der von Kamelen her bekannte Passgang

**Gebiss**
aus Metall und/oder Kunststoff hergestellter Teil des Zaumzeugs, welchen das Pferd während des Reitens im Maul trägt

**Gelassenheitstraining**
Übungen, durch die das Pferd lernen soll, auf Einflüsse aus seiner Umgebung gelassener zu reagieren

**Gerte**
Reithilfe, durch die die Schenkeleinwirkung im Bedarfsfall verstärkt werden kann

**Gewichtshilfe**

Einwirkung auf das Pferd durch Verlagerung des Körpergewichts

**Halfter**

Ausrüstungsgegenstand, den das Pferd am Kopf trägt, um geführt oder angebunden zu werden

**Hand, linke bzw. rechte**

Auf der linken/rechten Hand befindet sich ein Reiter bzw. ein Pferd dann, wenn seine linke/rechte Seite zur Bahnmitte weist

**Handgalopp**

beim Handgalopp greift das innere Vorderbein des Pferdes weiter aus als das äußere Vorderbein; man unterscheidet Linksgalopp und Rechtsgalopp

**Handwechsel**

Wechsel der Hand

**Hengstbuch**

in das Hengstbuch eines Zuchtverbandes werden alle zur Zucht zugelassenen Hengste eingetragen

**Hilfe**

Einwirkung des Reiters auf das Pferd, um dieses zu lenken und ihm die Gangart vorzugeben; man unterscheidet Gewichtshilfen, Schenkelhilfen, Zügelhilfen und Stimmhilfen

**Hinterhand**

die Hinterbeine des Pferds

**Hinterhandkick**

Ausschlagen des Pferdes mit der Hinterhand

**Hinterhandwendung**

Lektion beim Dressurreiten, bei der das Pferd um das innere Hinterbein gewendet wird

**Kolik**

schmerzhafte Folge einer Fehlfunktion von Magen und/oder Darm

**kören**

einen Hengst nach bestimmten Kriterien auswählen, um ihn zur Zucht zuzulassen

**Kreuz**

Hindernis beim Springreiten, bei dem zwei Stangen zwischen den seitlichen Ständern X-förmig angeordnet sind

**Kruppe**

der Hintern eines Pferdes

**langer Zügel**

Leine, die so lang bemessen ist, dass sie vom Gebiss bis hinter das Pferd reicht

**L-Dressur**

Dressurprüfung aus der Prüfungsklasse L; siehe auch „Prüfungsklassen"

**legen**

einen Hengst kastrieren

**Linksgalopp**

siehe Handgalopp

**Longe**

lange Leine, die beim Longieren eingesetzt wird

**longieren**

ein Pferd an der Longe auf einer Kreisbahn laufen lassen

**Longiergerte**

besonders lange Gerte, die beim Longieren verwendet wird

**Longierhaus**

Gebäude, in dem Pferde longiert werden können

**Mitralklappeninsuffizienz**

ein beim Pferd häufig auftretender Herzfehler, bei dem die Mitralklappe des Herzens nicht richtig schließt, so dass Blut aus der linken Herzkammer in den linken Vorhof zurückfließt

**Mutter-Kind-Prägung, Prägephase**

Phase während der ersten Lebensstunden des Fohlens, in der es auf die Mutterstute geprägt wird

**Natursprung**

die natürliche Form der Begattung einer Stute durch den Hengst

**Offenstall**

Form der Pferdehaltung, bei der das Pferd zwischen einem überdachten Stallbereich und einem offenen Außenbereich hin- und herwechseln kann

**Oxer**

Hindernis beim Springreiten, bei dem zwei Hindernisse in so kurzer Distanz hintereinander stehen, dass das Pferd sie gemeinsam überspringen muss

**Paddock**

grasloser, zumeist befestigter Auslauf für Pferde

**Pesade**

bei der Pesade erhebt sich das Pferd auf seine Hinterhand, während sich die Vorhand in der Luft befindet und der Körper mit dem Boden einen Winkel von mehr als 45° einschließt (Levade: weniger als 45 °)

**Pferdepass**

umgangssprachlich für Equidenpass; von der Europäischen Union vorgeschriebenes Dokument, das zur Identifikation von Pferden dient.

**Prüfungsklassen**

sowohl in der Dressur als auch im Springen sind die Prüfungen in die Prüfungsklassen E (Einsteiger), A (Anfänger), L (Leicht), M (Mittelschwer) und S (Schwer) unterteilt

**Rechtsgalopp**

siehe Handgalopp

**Reitbahn**

Fläche einer Reithalle, auf der geritten wird

**Rosse**

Zeit der Paarungsbereitschaft der Stute

**rossig**

paarungsbereit

**rückwärts richten**

das Pferd einige Schritte rückwärts gehen lassen

**Satellitenhengst**

vom Leithengst einer Herde geduldeter und diesem untergeordneter, weiterer geschlechtsreifer Hengst

**Sattelkammer**

Raum zur Unterbringung von Sätteln, Zaumzeug und weiteren Reitutensilien

**Sattellage**

der Teil des Rückens des Pferdes unmittelbar hinter dem Widerrist, auf dem der Sattel zu liegen kommt

**Scheckstute**
Stute mit geflecktem Fell

**Schenkelhilfe**
Einwirkung auf das Pferd durch seitliches Ausüben von Druck mit dem Unterschenkel an unterschiedlichen Stellen des Pferdekörpers

**schnorcheln**
geräuschvolles Ein- und Ausatmen, das an Schnarchen erinnert

**Schweifrübe**
Stummelschwanz des Pferdes, von dem die Schweifhaare ausgehen

**Seitwärtsgang**
Vorwärts-Seitwärts-Bewegung des Pferdes

**Silage**
durch milchsaure Gärung aus Gras gewonnenes Futtermittel

**Sitz, leichter**
im leichten Sitz hat der Reiter sein Gesäß aus dem Sattel gehoben und steht in den Steigbügeln

**Sprung an der Hand**
im Unterschied zum Natursprung hält der Mensch Hengst und Stute beim Sprung an der Hand über Zaumzeug und Führstrick unter Kontrolle

**Stangenarbeit**
bei der Stangenarbeit geht das Pferd über Stangen, die in vorbestimmtem Abstand auf den Boden der Reitbahn gelegt worden sind

**Stimmhilfe**
mit der Stimme gegebenes Kommando

**Stockmaß**

vom Boden bis zum Widerrist gemessene Größe des Pferds

**Stutbuch**

in das Stutbuch eines Zuchtverbands werden alle zur Zucht zugelassenen Stuten eingetragen

**Stutbuchaufnahme**

Leistungsschau zur Aufnahme in das Stutbuch

**Stutleistungsprüfung**

Prüfung, bei der Stuten nach bestimmten Kriterien ausgewählt werden, um sie zur Zucht zuzulassen

**trächtig, Trächtigkeit**

schwanger, Schwangerschaft

**Tragzeit**

Dauer der Schwangerschaft

**Trakehner**

Pferderasse

**triebig**

Bezeichnung für Pferde, die nicht von alleine vorwärts gehen, sondern bei denen man jeden Schritt aus dem Pferd heraustreiben muss

**Vorderhand**

die Vorderbeine des Pferdes

**Widerrist**

Übergang vom Hals zum Rücken

**Zuchtverband**

Verband, in dem sich Züchter zusammenschließen

**Zügelhilfe**

Einwirkung der Hand des Reiters auf das Pferdemaul mittels des Zügels